本书是 2023 年深化新时代教育改革试点项目：[...]
湖湘文化国际传播"四力"效能策略研究的研[...]

U0564227

新媒体时代
产教融合模式创新与探索

邹新　程华安　张文艺◎著

湖南大学出版社

图书在版编目（CIP）数据

新媒体时代产教融合模式创新与探索 / 邹新，程华
安，张文艺著 .-- 长沙：湖南大学出版社，2024.11.

ISBN 978-7-5667-3914-8

I.G649.21

中国国家版本馆 CIP 数据核字第 2024RJ7057 号

新媒体时代产教融合模式创新与探索
XINMEITI SHIDAI CHANJIAO RONGHE MOSHI CHUANGXIN YU TANSUO

著　　者：邹　新　程华安　张文艺
责任编辑：张　毅
印　　装：三河市中晟雅豪印务有限公司
开　　本：710 mm×1000 mm　1/16　印张：13　字数：178千字
版　　次：2024年11月第1版　印次：2024年11月第1次印刷
书　　号：ISBN 978-7-5667-3914-8
定　　价：59.00元

出 版 人：李文邦
出版发行：湖南大学出版社
社　　址：湖南・长沙・岳麓山　邮编：410082
电　　话：0731-88822559（营销部）　88649149（编辑室）　88821006（出版部）
传　　真：0731-88822264（总编室）
电子邮箱：743220952@qq.com
网　　址：http://press.hnu.edu.cn

前　言

　　新媒体时代下产教融合模式创新与探索是教育改革和发展的重要方向之一。这种融合模式旨在通过教育与产业的深度结合，促进人才培养与市场需求的紧密对接，提高教育质量和产业竞争力。在新媒体时代，产教融合强调理论与实践的结合，优先考虑实践教学。这种原则有助于学生更好地理解和应用理论知识，同时培养他们的实际操作能力和创新思维。新媒体时代下的产教融合模式正朝着更加深入、系统和创新的方向发展，以适应快速变化的社会和经济需求。

　　本书以产教融合为核心，全面探讨了其理论基础、实践路径、育人机制以及新媒体时代下的发展模式。首先对新媒体时代进行了介绍，然后深入剖析了产教融合的理论构想，明确了其概念界定、相关理论基础以及在教育与产业融合中的功能与作用。进一步探讨了产教融合的改进路径及其对高等教育转型的重要助推价值。然后具体分析了校企合作人才培养的创新实践，从政府、企业、学校和学生四个层面展开讨论。接着聚焦新媒体时代产教融合的育人体制机制与教学创新，详细阐述了产教融合与校企一体化的关键要素、路径、模式、专业建设、师资队伍建设以及质量评价体系构建。最后，探讨了新媒体时代下的产教融合发展模式，包括人才培养、社会服务以及创新应用型人才培养与建设路径。

　　本书是一本集先进性、实用性、规范性于一体的专业书籍，可作为相关领域的从业人员的阅读参考用书，希望能为新媒体时代下产教融合模式创新与探索工作提供一些有益的借鉴。

在本书撰写的过程中，得到了很多学者、专家提出的宝贵建议，谨在此表示感谢。同时我们还参阅了大量的相关著作和文献，在参考文献中未能一一列出，在此向相关著作和文献的作者表示诚挚的感谢和敬意，同时也请对撰写工作中的不周之处予以谅解。由于水平有限，编写时间仓促，书中难免会有疏漏不妥之处，恳请专家、同行不吝批评指正。

编者

2024 年 10 月

目　录

1

第五章　新媒体时代产教融合育人体制机制与教学创新

参考文献

第一章
新媒体时代概述

第一节　新媒体概述

一、新媒体概念的界定

在我国，新媒体这一概念随着计算机和互联网的引入而逐渐被引进。随着计算机和互联网在中国的快速发展，这一概念迅速流行起来。在使用这个概念的过程中，逐渐形成了一些具有代表性的观点。

（一）什么是新媒体

新媒体是指随着计算机、互联网等新兴技术的引入而发展起来的一种新的信息传播形式。新媒体不仅包括传统媒体在数字化和网络化过程中的转型，如数字报纸、网络电视等，还涵盖了一系列基于互联网的新型媒体形式，如社交媒体平台、视频分享网站、网络直播等。通过新媒体，信息可以在极短的时间内传播到全球的各个角落，极大地提升了信息传播的效率和范围。在使用新媒体这一概念的过程中，逐渐形成了一些具有代表性的观点。有观点认为，新媒体通过增强信息传播的多样性和灵活性，促进了社会信息的透明化和公开化；另一些观点则强调，新媒体在提供便利的同时，也带来了一系列新的挑战，如信息的真实性问题、隐私保护问题等。因此，新媒体的迅猛发展不仅是技术进步的结果，也是社会发展和变革的体现，如何在新媒体环境下实现信息的有效传播和管理，成为当前社会亟待解决的重要课题。

（二）新媒体的判断标准

新媒体的判断标准主要体现在其技术特征、传播特性和用户体验等多个方面。首先，技术特征是新媒体的重要判断依据之一。新媒体通常依赖于计算机技术、互联网、移动通信技术等现代信息技术，能够实现信息的数字化、网络化和智能化。其次，传播特性是判断新媒体的重要标准。新媒体具有即时性、互动性、个性化、全球覆盖等特点，这些特性使得信息能够迅速传播，并且用户可以在传播过程中进行互动，提升了信息传播的效率和影响力。最后，新媒体还注重用户体验，通过多媒体融合、虚拟现实、增强现实等技术手段，为用户提供更加丰富和沉浸的体验。

新媒体的另一种判断标准是其内容的生产和传播方式。传统媒体往往是由专业机构进行内容生产和传播，而新媒体则允许用户生成内容（UGC），实现了内容生产的去中心化和多元化。新媒体平台上的内容可以由用户自行创作、分享和传播，极大地丰富了信息内容的来源和形式。同时，新媒体还强调个性化推荐和精准传播，通过大数据和人工智能技术，根据用户的兴趣和行为习惯，提供定制化的信息服务。

综上所述，新媒体的判断标准包括其依赖的现代信息技术、即时互动的传播特性、注重用户体验的多媒体融合手段，以及内容生产的去中心化和个性化推荐等多个方面。这些标准共同构成了新媒体在信息传播领域的独特优势和影响力。

（三）新媒体的种类

新媒体的种类多样，涵盖了多个领域和形式，主要包括社交媒体、视频分享平台、网络直播、数字报刊、网络电台、移动应用、虚拟现实和增强现实等。社交媒体是新媒体的重要组成部分，主要包括微博、微信、Facebook、Twitter等平台，这些平台通过社交网络连接用户，使其能够方便快捷地分享信息、交流观点。视频分享平台如YouTube、优酷、抖音等，通过视频内容的上传和分享，用户可以获得丰富的视听体验。网络直播则通过实时视频技术，实现了用户之间的即时互动和信息传播，典型平台包括Twitch、斗鱼、虎牙等。数字报刊是传统媒体在新媒体环境中的转型，通过互联网技术将报纸、杂志等内容数字化，实现了随时随地的阅读体验，如《纽约时报》电子版、《经济学人》电子版等。网络电台通过互联网传输音频内容，使用户可以随时收听广播节目，如 Spotify、喜马拉雅等。移动应用作为新媒体的重要载体，通过智能手机等移动设备为用户提供多种服务，包括新闻、娱乐、社交、电商等，如今日头条、Instagram、淘宝等。虚拟现实和增强现实技术的应用，使新媒体在提供沉浸式和互动性体验方面具有显著优势，用户可以通过设备进入虚拟环境或增强现实场景，获得前所未有的体验感，如 VR 游戏、AR 导航等。综上所述，新媒体的种类繁多，涵盖了从社交、视频、音频到虚拟现实的各个方面，通过多种技术手段和平台形式，为用户提供了丰富多彩的信息传播和互动体验。

二、新媒体的传播特性

（一）新媒体传播特性的技术前提

决定新媒体传播特性的两个技术前提，分别是数字化的信息处理模式和分布式网络去中心化的信息传输模式。

1.数字化的信息处理

数字化的信息处理模式是新媒体区别于传统媒体的一个重要特征。数字化的信息处理模式通过将信息转化为数字信号进行处理、存储和传输，实现了信息处理的高效性和灵活性。数字技术的应用使信息的采集、编辑、存储、传输和显示等各个环节都能够在数字化环境下进行，从而大大提高了信息处理的效率和准确性。信息的数字化使得多媒体信息可以在同一平台上进行综合处理和展示，文字、图片、音频、视频等多种形式的媒介内容可以相互融合，提供给用户更加丰富的体验。此外，数字化的信息处理模式还使得信息的存储和传输更加便捷和安全，数字信息可以通过互联网迅速传递到全球各地，打破了传统媒体在时间和空间上的限制。信息的数字化还使得信息的检索和管理更加高效，用户可以通过搜索引擎等工具快速定位和获取所需的信息，极大地方便了信息的使用。数字化的信息处理模式还支持大数据分析和人工智能技术的应用，通过对海量数据的分析和处理，可以为用户提供个性化的推荐服务和智能化的决策支持。总体而言，数字化的信息处理模式通过将信息转化为数字信号进行全流程处理，不仅提高了信息处理的效率和质量，还为信息的融合、传播、存储、检索和管理提供了更为便捷和智能的解决方案，从而在新媒体时代发挥了关键作用。

2.分布式网络去中心化的信息传输

分布式网络去中心化的信息传输模式是新媒体技术体系中的核心要素之一，它通过打破传统集中式网络的单点瓶颈，实现了信息传输的高效性和可靠性。分布式网络采用多个节点共同承担信息的传输和处理任务，每个节点既可以作为信息的发送端，也可以作为接收端和中转站，从而形成了一个去中心化的网络结构。在这种模式下，信息不再依赖于单一的中心服务器进行传输，而是通过多个节点的协同工作，实现信息的快速分发和动态调整。当某个节点出现故障时，其他节点可以迅速接替其工作，确保信息传输的连续性和稳定性。去中心化的信息传输模式极大地提高了网络的抗风险能力和容错性，同时也提升了信息的传输速度和效率。通过分布式网络，信息可以在多个节点之间并行传输，大大缩短了信息传递的延迟。此外，去中心化的结构使得信息的传输路径更加多样化，用户可以根据网络状况选择最优路径，提高了信息传输的灵活性和自主性。分布式网络还支持点对点（P2P）通信模式，用户之间可以直接进行信息交换，不需要经过中间服务器，进一步提高了信息传输的效率和隐私性。总的来说，分布式网络去中心化的信息传输模式通过多个节点的协同工作，实现了信息传输的高效性、可靠性和灵活性，打破了传统集中式网络的局限，为新媒体时代的信息传播提供了强有力的技术支撑。

（二）新媒体的传播特性

1.互动性

新媒体的传播特性之一是其强大的互动性，这一特性显著区别于传统媒体的单向传播模式。互动性使得用户不仅仅是信息的接收者，更是信息的参与者和创造者。通过新媒体平台，用户可以实时参与信息的讨论、评论和分享，形成一个多向交流的动态过程。社交媒体平台如微博、微信、Facebook和Twitter，通过提供评论、点赞、转发等功能，使用户之间的互动更加便捷和频繁。互动性还体现在用户生成内容（UGC）方面，用户可以通过文字、图片、视频等多种形式，自主创作和发布内容，极大地丰富了信息来源和内容形式。新媒体的互动性不仅增强了用户的参与感和体验感，还提高了信息传播的效率和广度。用户之间的互动和分享，使得信息可以在短时间内迅速扩散，形成广泛的传播效应。此外，新媒体平台通过大数据和人工智能技术，根据用户的行为和兴趣，提供个性化的信息推荐和互动服务，进一步提升了用户的互动体验。直播平台也是新媒体互动性的典型代表，用户可以通过留言、弹幕、打赏等方式与主播实时互动，形成高度参与的传播模式。新媒体的互动性还体现在用户与品牌、企业的互动上，用户可以通过新媒体平台直接与品牌互动，提出意见和建议，参与产品和服务的改进过程。总体而言，新媒体的互动性通过多种形式和技术手段，实现了信息传播的多向交流和用户的深度参与，不仅提升了信息传播的效率和效果，还推动了信息传播模式的变革，为用户带来了更加丰富和多元的互动体验。

2.多媒体和超媒体性

新媒体的传播特性之一是其多媒体和超媒体性，这使其在信息呈现和传播方式上具有显著优势。多媒体性是指新媒体能够综合运用文字、图片、音频、视频等多种媒介形式，使信息表达得更加丰富和生动。这种多样化的呈现方式不仅能够吸引用户的注意力，还能满足不同用户的多元化需求。例如，新闻报道可以通过文字详细描述事件经过，配以图片增强视觉效果，音频和视频则可以提供现场感和实时感，用户能够通过多种感官体验信息内容。超媒体性则是指新媒体超越了传统媒体线性传播的限制，通过超链接技术将不同内容和信息节点有机地连接起来，形成一个复杂的、多层次的信息网络。用户在浏览信息时，可以通过点击超链接在不同内容之间自由跳转，实现信息的跨越式获取。这种非线性的信息传播方式，使用户能够根据自身兴趣和需求，个性化地获取和探索信息，大大提高了信息利用效率和用户体验。新媒体的多媒体和超媒体性还促进了内容的互动性和参与性，用户不仅可以通过评论、分享等方式参与信息传播，还可以通过创建和编辑超链接，主动构建信息网络。此外，多媒体和超媒体技术的结合，使新媒体在教育、娱乐、广告等领域展现出巨大潜力。例如，教育领域通过多媒体课件和超链接资源库，提供丰富的教学内容和拓展资料，提升学习效果和兴趣。广告领域则通过多媒体广告和互动式链接，增强用户体验和品牌传播效果。总的来说，新媒体的多媒体和超媒体性通过综合运用多种媒介形式和超链接技术，实现了信息表达的多样化和传播路径的多样化，不仅提升了信息传播的生动性和灵活性，还为用户提供了更加丰富和个性化的信息获取和互动体验。

3. 超时空性

新媒体的传播特性之一是其超时空性，这使得信息传播打破了时间和空间的限制，实现了即时性和全球性的传播效果。超时空性体现在信息能够在任何时间、任何地点被用户获取和分享。通过互联网技术，新媒体平台能够将信息即时传递到全球各地，用户只需通过网络连接，就能在第一时间接收到最新的资讯和内容，无论他们身处何地。新媒体的即时性使得新闻事件和重要信息可以实时传播，用户能够迅速了解世界各地的最新动态，极大地提升了信息的时效性和传播效率。传统媒体往往需要一定的时间进行信息采集、编辑和发布，而新媒体则通过数字化和网络化的手段，几乎实现了信息的即时发布和传播。这种即时性不仅满足了用户对于及时信息的需求，还使得信息传播更加灵活和高效。全球性是新媒体超时空性的另一重要表现，新媒体平台通过全球互联的网络架构，使得信息能够跨越国界和时区，无障碍地传播到世界各地。用户可以通过新媒体平台与全球各地的用户交流和互动，分享观点和经验，形成跨文化、跨地域的信息交流网络。这种全球性的传播特性，增强了信息的广泛性和影响力，使得信息能够在更大范围内传播和共享。新媒体的超时空性还体现在用户的自主选择和灵活获取上，用户可以根据自己的时间和需求，自主选择何时何地获取和消费信息。通过移动设备和无线网络，用户可以在任何场景下，随时随地访问新媒体内容，极大地提升了信息获取的便捷性和灵活性。总的来说，新媒体的超时空性通过即时性和全球性的传播特性，实现了信息传播的无时空限制，不仅提升了信息传播的速度和广度，还为用户提供了更加灵活和便捷的信息获取体验，推动了信息传播模式的深刻变革。

4. 个性化

新媒体的传播特性之一是其显著的个性化，这一特性使信息传播能够精准匹配用户的个体需求和兴趣爱好。个性化体现在新媒体平台通过大数据和人工智能技术，对用户的行为数据进行深入分析，从而为用户提供定制化的信息和服务。用户在使用新媒体平台时，其浏览历史、搜索记录、点赞和分享行为等数据都会被记录并分析，平台据此构建出用户的兴趣模型，并根据这些模型进行个性化推荐。例如，视频平台如 YouTube、抖音会根据用户过去观看的视频类型和时长，推荐符合其兴趣的相关视频；新闻平台如今日头条、Google News 会根据用户阅读的新闻类别和关注的主题，推送个性化的新闻内容。这种个性化的推荐机制，使用户能够更高效地获取自己感兴趣的信息，提升了用户的满意度和黏性。个性化还体现在内容的定制和互动上，用户可以通过设置和偏好选择，主动调整平台推荐的内容类型和频率，甚至可以订阅特定的栏目或创作者，获得更具针对性的内容服务。此外，新媒体的个性化不仅限于信息推荐，还包括广告的个性化投放，通过对用户数据的分析，广告主可以精准定位目标用户群体，投放更具针对性的广告内容，提高广告的投放效果和转化率。个性化还延展到社交互动和用户体验上，通过智能算法和数据分析，新媒体平台能够为用户提供更加个性化的社交推荐和互动体验，帮助用户找到志同道合的朋友和社群，增强社交体验的丰富性和多样性。总的来说，新媒体的个性化通过大数据和人工智能技术，实现了信息和服务的精准匹配，不仅提高了用户获取信息的效率和体验，还增强了用户与平台之间的互动性和黏性，为信息传播注入了更多的个性化和多样性。

5. 虚拟性

新媒体的传播特性之一是其虚拟化，这使信息传播和用户体验进入了一个全新的维度。虚拟化是指新媒体通过虚拟现实（VR）和增强现实（AR）等技术手段，创建出与现实世界不同的虚拟环境，为用户提供沉浸式的体验。虚拟化技术能够将真实世界中的物体、场景和体验数字化，并在虚拟环境中进行模拟和再现。例如，用户通过 VR 设备可以进入一个完全虚拟的空间，无论是游戏、电影还是教育内容，都可以在虚拟世界中进行互动和体验，这种高度沉浸的体验极大地增强了信息传播的效果和用户的参与感。AR 技术则通过在现实世界的基础上叠加数字信息，增强用户对现实环境的感知和互动能力。例如，通过 AR 应用，用户可以在手机屏幕上看到叠加在现实世界中的导航信息、广告内容或者娱乐元素，这种虚实结合的方式极大地丰富了用户的现实体验。虚拟化不仅在娱乐和教育领域表现出色，在商业和社交等方面也展现出巨大的潜力。虚拟购物体验使用户可以在虚拟商店中浏览和购买商品，仿佛亲临现场，提升了购物的便利性和互动性。虚拟会议和社交平台则使人们能够打破空间限制，在虚拟环境中进行面对面的交流和互动，极大地促进了远程工作的效率和社交体验。虚拟化还赋予用户创作和分享虚拟内容的能力，用户可以通过新媒体平台创建自己的虚拟形象、虚拟空间和虚拟作品，与其他用户分享和互动，进一步增强了信息传播的丰富性和多样性。

总的来说，新媒体的虚拟化通过 VR 和 AR 等技术手段，创造出高度沉浸和互动的虚拟环境，使信息传播和用户体验更加丰富和多元，不仅提升了信息传播的效果和用户参与度，还为商业、教育、社交等领域带来了创新和变革，极大地拓展了信息传播的边界和可能性。

6. 信息的共享与共创

新媒体的传播特性之一是信息的共享与共创，这一特性极大地改变了传统信息传播的方式，使得信息的生产和传播变得更加开放和多元。在新媒体平台上，信息不再仅仅由少数媒体机构或专业人士生产和发布，而是由广大用户共同参与。用户可以通过各种平台，如社交媒体、博客、视频分享网站等，自主创作和发布内容，形成一种去中心化的信息生产模式。信息的共享性体现在用户可以方便地通过网络平台分享自己创作的文字、图片、视频等内容，使得信息能够迅速传播和扩散，触及更多的受众。这种共享机制不仅提高了信息传播的速度和广度，也增强了信息的透明度和多样性。共创性则是指用户不仅是信息的接收者和传播者，还是信息的创造者和参与者。通过新媒体平台，用户可以合作完成内容创作，如联合撰写文章、共同制作视频、参与在线讨论等，共同贡献智慧和创意。这种共创模式极大地丰富了信息的内容和形式，促进了知识和经验的交流与共享。新媒体平台还提供了丰富的互动工具和技术支持，如评论、点赞、转发、编辑等功能，使用户能够在信息传播过程中积极互动和协作，进一步增强了信息的共享与共创性。此外，共享与共创的特性还促进了用户社区的形成和发展，用户可以在平台上找到志同道合的伙伴，组成兴趣小组或创作团队，共同探讨和创作内容，形成良性的互动和合作关系。总的来说，新媒体的信息共享与共创特性通过去中心化的生产模式和丰富的互动工具，实现了信息的快速传播和多元创作，不仅提升了信息传播的效率和广度，还激发了用户的创作热情和合作精神，为信息传播注入了更多的活力和创新。

7. 海量信息与特殊检索机制

新媒体的传播特性之一是其海量信息和特殊检索机制，这使得信息传播的广度和深度达到了前所未有的水平。新媒体平台每天都会产生和积累大量的多样化信息，这些信息涵盖了从新闻、娱乐到科学、教育等各个领域，形成了一个庞大的信息库。面对如此海量的信息，如何高效、精准地获取所需内容成为一个重要课题。特殊检索机制应运而生，通过搜索引擎、大数据分析和人工智能技术，为用户提供了强大的信息检索能力。搜索引擎如 Google、百度通过关键词匹配和页面排名算法，可以在短时间内从海量信息中筛选出与用户需求最相关的内容，为用户提供精准的信息服务。此外，个性化推荐系统根据用户的浏览历史、兴趣偏好和行为数据，进行智能化分析和预测，主动推荐可能感兴趣的信息内容，这种推荐机制不仅提高了用户获取信息的效率，还提升了用户的满意度和体验感。新媒体平台还引入了语音识别、图像识别等技术，进一步丰富了信息检索的方式，使用户可以通过语音指令、图片等多种途径进行信息搜索。信息的标签化和分类管理也是新媒体特殊检索机制的重要组成部分，通过对信息进行精细化的标签和分类，用户可以更加便捷地导航和筛选信息内容。海量信息和特殊检索机制的结合，使新媒体在信息传播中展现出强大的优势，不仅满足了用户对多样化信息的需求，还大大提升了信息获取的效率和精准度。用户在面对信息爆炸的时代，不再感到茫然和困惑，而是能够通过先进的检索工具和技术，快速找到所需信息，极大地增强了信息传播的效果和用户体验。总的来说，新媒体的海量信息与特殊检索机制通过大数据分析、搜索引擎和智能推荐等技术手段，解决了海量信息时代的检索难题，为信息传播提供了高效、精准和个性化的解决方案，极大地拓展了信息传播的边界和可能性。

8. 智能化

新媒体的传播特性中，智能性是其显著的特点之一。智能性表现为新媒体技术能够通过算法和数据分析，精准地识别用户的需求和喜好，从而实现个性化的内容推送和互动体验。例如，社交媒体平台利用用户行为数据，通过复杂的算法模型来预测用户的兴趣点，为其推荐相关的信息或广告。此外，智能新媒体还能实时监测和分析大量数据，以优化内容分发策略和提升用户参与度。这种基于用户行为数据的内容定制和推送，不仅增强了用户的媒体使用体验，也为媒体运营商带来了更高的经济效益。智能性的发展也推动了新媒体形态的创新，比如通过人工智能生成的内容、交互式视频等，这些都极大地丰富了媒体内容的形式和深度。因此，智能性不仅是新媒体技术的一个重要发展方向，也是提升媒体整体价值和影响力的关键因素。

第二节　新媒体的应用

在现代社会中新媒体的应用愈发广泛和深入。随着互联网技术的不断发展和普及，新媒体已经成为人们获取信息、交流思想、娱乐消遣以及进行各种社会活动的重要平台。新媒体不仅改变了传统媒体的传播方式，还深刻影响了社会的各个方面，包括政治、经济、文化、教育等领域。

首先，新媒体在信息传播中的应用极为广泛。传统媒体如报纸、电视和广播受限于时空条件，其传播速度和覆盖范围较为有限。而新媒体则突破了这些限制，通过互联网实现了信息的即时传播和全球覆盖。微博、微信、脸书等社交媒体平台，成了人们获取和分享信息的主要途径。通过这些平台，人们可以实时了解国内外的新闻动态、社会热点和突发事件。此外，新媒体还使得信息传播的形式更加多样化，不仅有文字和图片，还包括视频、音频和直播等多种形式，使得信息传播更加生动和直观。

在传统媒体时代，政治信息的传播主要由官方媒介控制，普通民众的声音难以被听到。而在新媒体时代，任何人都可以通过社交媒体平台发表自己的观点和意见，参与公共事务的讨论和监督。新媒体为民众提供了一个开放、自由的言论空间，使得政治信息的传播更加透明和公开。

一、经济领域

电子商务、在线支付和网络营销等新兴业态，都是依托于新媒体平台发展起来的。电子商务平台如淘宝、京东、亚马逊等，通过互联网将商品和服务直接呈现在消费者面前，极大地方便了人们的购物需求。在线支付工具如支付宝、微信支付等，使得人们的支付方式更加便捷和安全。网络营销则通过社交媒体、搜索引擎和视频平台等多种渠道，精准地向潜在消费者传递广告信息，提升了营销的效果和效率。新媒体不仅改变了传统的商业模式，还促进了新兴产业的蓬勃发展，带动了经济的创新和增长。

二、文化领域

通过新媒体平台，文化作品的传播和推广更加广泛和迅速。无论是文学、音乐、电影还是美术作品，都可以通过互联网迅速传播到全球各地，极大地扩展了文化的传播范围和影响力。此外，新媒体还为文化创作者提供了更多的创作和展示平台。许多年轻的艺术家、作家和音乐人，通过新媒体平台发布自己的作品，获得了大量的关注和支持，成功实现了自己的艺术梦想。新媒体不仅丰富了文化的表现形式和内容，还促进了文化的多样性和创新性发展。

三、教育领域

在线教育平台的兴起，使得教育资源的获取变得更加便捷和普及。通过网络课程、直播课堂和在线辅导等形式，学生可以随时随地进行学习，不再受时间和地域的限制。尤其是在疫情防控期间，在线教育发挥了重要作用，保证了教学活动的正常进行。此外，新媒体还促进了教育的互动性和个性化发展。通过新媒体平台，教师和学生可以进行即时互动和交流，提高了教学的效果和质量。个性化的在线学习方案，使得每个学生都能根据自己的学习情况和需求，制定适合自己的学习计划，提升了学习的效果和效率。

总之，新媒体的应用在现代社会中具有广泛而深远的影响。它不仅改变了传统的信息传播方式，还在政治、经济、文化、教育等领域带来了诸多变革和发展。随着科技的不断进步和创新，新媒体的应用将会更加广泛和深入，对社会的各个方面产生更加深远的影响。在这一过程中，我们需要积极探索和利用新媒体的优势，推动社会的进步和发展，同时也要注意规范和引导新媒体的发展，确保其在带来便利和发展的同时，也能维护社会的稳定和秩序。

第二章
产教融合的理论基础

第一节　产教融合相关构想界定

一、产教融合

（一）产教融合的含义

产教融合是指产业与教育系统融合发展，通过产业和教育的深度合作，实现人才培养与产业需求紧密结合，促进产业升级和人才培养的双赢。这种融合通过将企业资源、技术和市场需求与教育机构的教学、科研相结合，培养出更具实战能力和创新精神的高素质人才。产教融合不仅强调在校学习和企业实践的有机结合，还要求教育机构与产业界共同制定人才培养方案，确保教育内容与产业需求的高度契合。通过这一融合机制，企业可以通过参与教育教学过程，直接影响课程设置、实践环节和教学内容，从而培养出符合实际工作需要的专业人才。

产教融合的实现方式多种多样，包括共建实训基地、合作开发课程、共同设立科研项目等。实训基地的共建使学生在校期间就能接触到企业的真实生产环境，进行实际操作训练，极大地提高了其动手能力和实际问题解决能力。合作开发课程则是通过企业专家与高校教师共同设计教学内容，使课程内容更具实用性和前沿性，贴近行业发展的最新动态。共同设立科研项目不仅为学生提供了参与科研实践的机会，还能使科研成果直接服务于企业生产，推动技术创新和产业升级。

在产教融合过程中，企业不仅是学生的实习场所，更是其职业生涯规划的重要指导者。通过企业导师制度，学生可以在学习期间接受来自行业一线的专业指导，了解行业的发展趋势和岗位要求，明确自身的发展方向。企业导师不仅传授专业知识和技能，还通过实际案例分析和项目实践，培养学生的创新思维和团队合作能力。同时，企业也通过与高校的密切合作，提前了解和储备优秀人才，为自身的发展奠定坚实的人力资源基础。

产教融合还推动了高等教育的改革与发展。高校在与企业合作过程中，逐步打破传统的学科壁垒，探索跨学科、跨专业的教学模式，培养复合型人才。通过引入企业的先进技术和管理经验，更新教学内容和方法，提高教学质量和水平。此外，产教融合也促进了高校教师的实践能力提升。教师通过参与企业实践，了解行业发展的最新动态，不断充实自身的专业知识和技能，从而更好地指导学生的学习和实践。

产教融合不仅有助于培养高素质人才，还能为地方经济和社会发展提供强有力的支持。通过与地方企业的合作，高校可以深入了解地方产业的发展需求，开展有针对性的科研和人才培养工作，为地方经济的发展注入新动能。同时，地方企业也能通过与高校的合作，获得最新的技术支持和人才资源，提高自身的创新能力和市场竞争力。产教融合为地方经济和社会的发展提供了一个良性互动的平台，促进了区域经济的协调发展。

在全球化和信息化的背景下，产教融合的重要性愈加凸显。随着科技进步和产业升级，对高素质、复合型人才的需求日益增加。产教融合通过整合教育资源和产业资源，构建产学研一体化的创新体系，有助于提升国家的科技创新能力和国际竞争力。同时，产教融合也为解决教育与就业脱节的问题提供了有效路径。通过校企合作，学生在校期间就能接触到真实的工作环境和企业文化，积累实践经验，提高就业竞争力，实现无缝对接就业。

然而，产教融合在实施过程中也面临一些挑战。首先，校企合作的深度和广度有待进一步拓展。部分企业和高校在合作中仍存在信息不对称、利益不均衡等问题，影响了合作的效果。其次，产教融合需要建立完善的政策和制度保障。政府应加强顶层设计，制定相关政策，提供资金支持和激励措施，鼓励和引导企业和高校开展深度合作。再次，产教融合还需要培养和提升企业和高校的合作意识和能力。企业应主动参与教育教学过程，高校应积极对接企业需求，共同探索创新的合作模式，提升合作的效果和质量。

（二）产教融合的特点

1.深度融合

产教融合作为一种创新的人才培养模式，其特点之一是深度融合。它打破了传统教学模式和企业生产模式的界限，实现了产业与教育的无缝对接。这种深度融合不仅体现在课程设置、教学内容上，还深入到实训基地建设、科研项目合作等多个层面。职业院校会根据企业需求调整课程设置，使教学内容更加贴近实际工作岗位；同时，企业也会参与到学校的教学过程中，提供实习实训机会，甚至直接参与教学计划的制定。这种深度融合确保了人才培养与产业发展需求的高度契合。

首先，深度融合在课程设计和教学内容上得到了充分体现。高校与企业共同制定课程体系和教学计划，使教育内容与产业需求高度契合。企业参与课程设计，将实际生产中的新技术、新工艺和新标准融入教学内容中，确保学生在校期间学习的知识能够直接应用于实际工作中。同时，高校通过引入企业专家、行业精英作为兼职教师，丰富师资队伍，提高教学质量。企业专家不仅带来了最新的行业知识和技术，还通过实际案例和项目指导学生，培养其创新思维和实践能力。

其次，在科研合作方面，深度融合通过共同设立科研项目，推动科技成果转化和应用。高校和企业通过联合技术攻关，将高校的科研成果直接应用于企业生产实践，促进技术创新和产业升级。高校通过参与企业的科研项目，了解企业在生产过程中遇到的实际问题，有针对性地开展研究，提高科研成果的实用性和转化率。而企业通过与高校的合作，获得最新的科研成果和技术支持，增强自身的创新能力和市场竞争力。这种合作不仅推动了科技进步，也为高校科研提供了丰富的实践素材和应用场景，提升了科研水平和社会服务能力。

多方协同是深度融合的另一个重要特点。政府在产教融合中发挥着重要的引导和支持作用，通过制定政策、提供资金支持和建立激励机制，鼓励和引导高校和企业开展深度合作。政府还通过搭建公共服务平台，促进高校与企业之间的信息交流和资源共享，提高产教融合的效率和效果。企业在这一过程中不仅是受益者，也是重要的参与者，主动参与到教育教学和人才培养中，提供资源、技术和实践平台，帮助高校培养出符合市场需求的高素质人才。高校则是产教融合的核心，通过不断改革教育教学模式，提高教育质量和水平，满足企业和社会对人才的需求。

最后，深度融合注重人才培养的系统性和全面性。通过产教融合，高校不仅培养学生的专业知识和技能，还注重培养其综合素质和创新能力。例如，高校通过与企业合作，开展丰富多彩的实践活动和项目，培养学生的团队合作精神、领导能力和创新思维。同时，高校还通过与企业的合作，开展职业规划和就业指导，帮助学生明确职业发展方向，提高其就业竞争力和职业适应能力。这种全方位的培养模式，使学生在掌握专业技能的同时，也具备了适应复杂多变的职业环境和社会需求的能力。

总之，深度融合作为产教融合的重要特点，体现了教育与产业在多个层面、多种形式上的全方位结合。通过这种融合模式，高校、企业和政府共同努力，培养出符合市场需求的高素质人才，推动科技创新和产业升级，实现教育与经济社会发展的良性互动。未来，随着产教融合的不断深化和发展，这一模式将在提高教育质量、促进科技进步和推动经济发展方面发挥越来越重要的作用。

2.资源共享，互利共赢

产教融合作为一种创新的人才培养模式，其特点之一是社会主义市场经济产业化发展的融合，实现资源共享，互利共赢。这种融合强调教育体系与市场经济和产业化发展的紧密结合，通过优化资源配置、整合优势资源，实现教育与产业的协同发展、互利共赢，进而推动社会经济的整体进步。

产教融合共同体实现了资源和信息的共享，提高了资源利用效率。在产教融合中，企业和职业院校可以共享设备、师资、技术等资源，使得教学和企业生产更加高效、优质。这种资源共享不仅降低了双方的运营成本，还促进了技术和知识的快速传播和更新。同时，产教融合也是基于企业和职业院校的共同利益而建立的，实现了互利共赢。对于企业而言，可以通过参与职业院校的教育培训，获取更优秀的人才和技术支持；对于职业院校而言，可以通过与企业合作，提高教学质量和毕业生就业率。

3.多方参与，协同创新发展

产教融合是一个多方参与的过程，包括政府、企业、职业院校、行业协会等多个主体。这些主体在产教融合中发挥着各自的作用，共同推动产教融合的发展。政府通过出台相关政策措施，为产教融合提供制度保障；企业和职业院校则通过深度合作，实现资源共享和互利共赢；行业协会则发挥桥梁和纽带作用，促进各方之间的沟通和合作。这种多方参与和协同创新机制有助于形成产教融合的合力，推动产教融合的深入发展。

4.灵活多样，适应性强

产教融合在实践中形成了多种模式，如"校中厂""厂中校""订单式培养""现代学徒制"等。这些模式各具特色，灵活多样，能够适应不同产业、不同企业的需求。同时，随着新技术的不断涌现和产业结构的不断升级，产教融合也需要不断创新和完善以适应新的发展需求。这种灵活性和适应性使得产教融合能够在不断变化的市场环境中保持竞争力和生命力。

5.政策推动，持续深化

近年来，随着国家对产教融合的不断重视和支持，相关政策措施不断出台和完善。这些政策措施为产教融合提供了制度保障和政策支持，推动了产教融合的持续深化。例如，《国务院办公厅关于深化产教融合的若干意见》等文件的发布，进一步明确了产教融合的方向和目标，提出了一系列具体措施和要求。这些政策措施的出台和实施有力地推动了产教融合的发展并取得了显著成效。

综上所述，产教融合具有深度融合、资源共享、创新发展、灵活多样和政策推动等特点。这些特点使得产教融合成为推动产业升级和人才培养的重要途径之一。

二、实践型人力资源

实践型人力资源作为一种创新的人才培养和管理模式，旨在通过实践导向的教育和培训方法，培养具备实际操作能力和解决问题能力的高素质人才。这种模式强调理论与实践相结合，注重在真实工作环境中培养和锻炼员工的技能和素质，从而提升企业的整体竞争力和适应能力。

实践型人力资源的培养始于教育阶段。职业院校在课程设置和教学内容上，必须紧密围绕企业和行业的实际需求，灵活调整和优化教学内容和培养目标。通过与企业合作，教育机构能够及时获取市场动态和技术变革的信息，将其融入课程体系中。例如，在制造业、信息技术、服务业等不同领域，高校可以根据企业的具体需求，开设相应的专业课程，确保学生所学的内容与实际工作要求高度一致。此外，企业专家和技术骨干可以受邀担任兼职教师，直接参与教学活动，传授最新的行业知识和实战经验，提升教学的针对性和实效性。

实践型人力资源培养强调在校内外实训基地和实践平台上的实际操作训练。高校通过与企业合作，建立校内外实训基地和实践平台，让学生在校期间就能接触到真实的生产环境和工作流程，进行实际操作训练，增强其动手能力和实际问题解决能力。例如，安排学生参与企业的生产项目、技术改造和管理实践等实际工作，使其在实践中掌握专业技能，积累工作经验，提升职业素养。这种实践教学模式不仅提高了学生的实践能力和就业竞争力，还为企业储备了符合实际需求的后备人才。

在企业内部，实践型人力资源的培养同样至关重要。企业通过制定科学合理的人才培养计划和职业发展路径，提供系统的岗位培训和职业指导，帮助员工不断提升自身素质和技能。例如，通过在岗培训、轮岗制度、导师制等方式，使员工在不同岗位和工作环境中接受锻炼，全面提升其业务能力和综合素质。同时，企业可以通过设立专项培训基金，支持员工参加外部培训和继续教育，不断更新知识和技能，适应快速变化的市场需求和技术进步，提升公司的竞争力和可持续发展能力。

实践型人力资源的管理还强调绩效考核和激励机制的完善。企业通过建立科学合理的绩效考核体系，全面客观地评估员工的工作表现和实际贡献，为人才的选拔、任用和激励提供依据。例如，通过设立明确的绩效指标和考核标准，定期进行考核评估，并根据考核结果实施差异化的薪酬激励和晋升机制，激发员工的工作积极性和创造力。此外，企业还可以通过设立创新奖、项目奖等多种激励措施，鼓励员工积极参与技术创新和管理改进，提升企业的整体竞争力和创新能力。

政府在实践型人力资源的培养和管理中发挥着重要的支持和引导作用。政府可以通过制定相关政策，提供资金支持和政策激励，推动高校和企业开展深度合作。例如，政府可以设立专项基金，支持产教融合项目的开展，搭建公共服务平台，促进高校与企业之间的信息交流和资源共享，提高实践型人力资源培养的效率和效果。同时，政府还可以通过制定产业发展规划和教育改革方案，明确实践型人力资源培养的目标和方向，确保各项工作有序推进。

实践型人力资源的培养还注重员工的综合素质和创新能力。通过产教融合和企业培训，员工不仅掌握了专业知识和技能，还提升了创新思维、团队合作精神和职业素养。例如，通过开展创新创业教育和实践活动，激发员工的创新潜力和创业热情。企业在这一过程中不仅提供实践平台和项目支持，还通过参与教育教学和人才培养，帮助员工了解行业发展趋势和职业要求，提高其职业适应能力和就业竞争力。

总之，实践型人力资源作为一种创新的人才培养和管理模式，强调理论与实践相结合，通过在真实工作环境中的实际操作训练，培养具备实际操作能力和解决问题能力的高素质人才。通过政府、高校和企业的共同努力，实践型人力资源的培养和管理模式将在提高教育质量、促进科技进步和推动经济发展方面发挥越来越重要的作用，进而为社会主义市场经济的繁荣和国家的现代化建设提供强有力的支持。

三、产教融合生态圈

产教融合生态圈是一种通过系统化、生态化的方式，整合教育、产业和社会资源，实现教育与产业的深度融合，以培养符合市场需求的高素质人才，推动技术创新和产业升级，促进经济社会协调发展的创新模式。产教融合生态圈不仅涉及高校、职业院校和企业，还包括政府、行业协会、科研机构和社会组织等多方主体，共同构建一个互联互通、协同发展的生态系统。

产教融合生态圈强调教育体系与产业需求的紧密对接。职业院校在专业设置、课程设计和教学内容上，必须充分考虑市场和企业的实际需求，灵活调整和优化培养目标和教学内容。通过与企业的深度合作，教育机构能够及时获取行业动态和技术变革的信息，将其融入课程体系中，确保学生所学内容与实际工作要求高度一致。企业专家和技术骨干可以受邀担任兼职教师，直接参与教学活动，传授最新的行业知识和实战经验，提升教学的针对性和实效性。

产教融合生态圈注重实践教学和校企合作的多样化。高校与企业共同建立校内外实训基地和实践平台，让学生在校期间就能接触到真实的生产环境和工作流程，进行实际操作训练，增强其动手能力和实际问题解决能力。例如，通过安排学生参与企业的生产项目、技术改造和管理实践等实际工作，使其在实践中掌握专业技能，积累工作经验，提升职业素养。这种实践教学模式不仅提高了学生的实践能力和就业竞争力，还为企业储备了符合实际需求的后备人才。

产教融合生态圈通过高校、企业和科研机构的联合研发和科技成果转化，推动技术创新和产业升级。高校和科研机构通过与企业合作，开展应用研究和技术攻关，将科研成果直接应用于生产实践，解决企业在生产和技术创新中遇到的实际问题，提升企业的创新能力和市场竞争力。例如，高校可以根据企业提出的技术难题和创新需求，组织科研团队开展针对性的研究，并与企业共同进行成果转化和推广。这种科研合作不仅提高了科研成果的实用性和转化率，还为企业的发展提供了强有力的技术支持，同时也推动了高校科研水平的提升和社会服务能力的增强。

产教融合生态圈还体现在教育模式和管理机制的创新上。高校通过引入企业的管理经验和市场机制，优化教育资源配置，提高教育教学的效率和质量。例如，实行校企合作的双导师制，由高校导师和企业导师共同指导学生的学习和实践，充分发挥校企双方的优势，提升人才培养的效果。高校还可以通过建立校企合作基金，支持产教融合项目的开展，激发教师和学生的创新活力，促进教育教学和科研工作的有机结合。同时，高校和企业可以共同制定人才培养标准和评价体系，确保学生在校期间不仅掌握专业知识和技能，还具备良好的职业素养和综合能力。

产教融合生态圈还注重培养学生的综合素质和创新能力。高校作为国家创新体系的重要组成部分，是培养创新创业人才的主阵地。开展高校创新创业实践，是适应快速发展的现代化社会的需要，也是建设创新型国家和落实"科教兴国"战略的需要，通过产教融合，高校不仅注重传授专业知识和技能，还强调培养学生的创新思维、团队合作精神和职业素养。例如，通过与企业合作，开展创新创业教育和实践活动，激发学生的创新潜力和创业热情。企业在这一过程中不仅提供实践平台和项目支持，还通过参与教育教学和人才培养，帮助学生了解行业发展趋势和职业要求，提高其职业适应能力和就业竞争力。

总之，产教融合生态圈作为一种系统化、生态化的人才培养和产业发展模式，通过政府、高校、企业和科研机构等多方主体的共同努力，构建了一个互联互通、协同发展的生态系统。通过这种模式，高校、企业和政府共同努力，培养出符合市场需求的高素质人才，推动科技创新和产业升级，实现教育与经济社会发展的良性互动。未来，随着产教融合生态圈的不断深化和发展，这一模式将在提高教育质量、促进科技进步和推动经济发展方面发挥越来越重要的作用，进而为社会主义市场经济的繁荣和国家的现代化建设提供强有力的支持。

四、产教融合的构建原则

（一）多主体原则

产教融合的构建原则之一是多主体原则，这一原则强调在产教融合的过程中，政府、高校、企业、科研机构、行业协会以及社会组织等多方主体的共同参与和协同合作。多主体原则的核心在于整合各方资源和优势，形成一个有机的协同系统，以实现教育与产业的深度融合，培养符合市场需求的高素质人才，推动技术创新和产业升级。

政府在产教融合中扮演着重要的引导和支持角色。政府通过制定相关政策和法规，为产教融合提供制度保障和政策支持。政府可以设立专项基金，支持产教融合项目的开展，搭建公共服务平台，促进高校与企业之间的信息交流和资源共享，提高产教融合的效率和效果。同时，政府还可以通过制定产业发展规划和教育改革方案，明确产教融合的目标和方向，确保各项工作有序推进。例如，政府可以出台优惠政策，鼓励企业参与高校的教育教学和科研活动，提供实习和就业岗位，支持高校和企业共建实训基地和实验室。

高校在产教融合中是人才培养的主力军。高校通过引入企业资源和市场需求，优化课程设置和教学内容，确保培养出的学生能够满足企业和市场的实际需求。高校可以通过与企业合作，建立校内外实训基地和实践平台，让学生在校期间就能接触到真实的生产环境和工作流程，进行实际操作训练，增强其动手能力和实际问题解决能力。例如，高校可以邀请企业相关专家和技术骨干担任兼职教师，直接参与教学活动，传授最新的行业知识和实战经验，提升教学质量。此外，高校还可以与企业共同制定人才培养标准和评价体系，确保学生在校期间不仅掌握专业知识和技能，还具备良好的职业素养和综合能力。

企业在产教融合中起着关键的推动作用。企业作为用人单位，通过参与高校的课程设计、提供实习岗位和项目指导，直接影响教育教学的内容和方法，提高教学的针对性和实效性。企业还可以通过与高校合作，开展应用研究和技术攻关，将科研成果直接应用于生产实践，解决企业在生产和技术创新中遇到的实际问题，提升企业的创新能力和市场竞争力。例如，企业可以根据自身的技术需求和发展方向，与高校共同申报科研项目，共同进行技术研发和成果转化，推动科技进步和产业升级。

科研机构在产教融合中主要负责技术创新和科研成果转化。联合申报科研项目是当前科研工作的重要形式之一，其管理的好坏直接影响到科研项目的质量和效果。科研机构通过与高校和企业的合作，开展应用研究和技术攻关，将科研成果直接应用于生产实践，解决企业在生产和技术创新中遇到的实际问题，提升企业的创新能力和市场竞争力。例如，科研机构可以根据企业提出的技术难题和创新需求，组织科研团队开展针对性的研究，并与企业共同进行成果转化和推广。这种科研合作不仅提高了科研成果的实用性和转化率，还为企业的发展提供了强有力的技术支持，通过建立有效的沟通协调机制、科学合理的资源分配机制以及合理的成果评估和分享机制等措施，进一步提高联合申报科研项目的管理水平和效率。同时也推动了高校科研水平的提升和社会服务能力的增强。

行业协会和社会组织在产教融合中发挥着桥梁和纽带作用。行业协会和社会组织通过组织和协调高校、企业、科研机构等多方主体的合作，促进信息交流和资源共享，提高产教融合的效率和效果。例如，行业协会可以通过举办行业论坛、技术交流会等活动，促进高校和企业之间的交流与合作，推动技术创新和产业升级。社会组织则可以通过提供咨询服务、政策建议等方式，为产教融合提供支持和帮助。

产教融合的多主体原则强调政府、学校、企业、科研机构、行业协会和社会组织等多方主体的共同参与和协同合作。通过整合各方资源和优势，形成一个有机的协同系统，实现教育与产业的深度融合，培养符合市场需求的高素质人才，推动技术创新和产业升级，促进经济社会的协调发展。未来，随着产教融合的不断深化和发展，多主体原则将继续在提高教育质量、促进科技进步和推动经济发展方面发挥重要作用，进而为社会主义市场经济的繁荣和国家的现代化建设提供强有力的支持。

（二）自组织原则

产教融合的构建原则之一是自组织原则，这一原则强调在产教融合的过程中，各参与主体应当在一个相对开放、自主的环境中，自主地组织和协调各项资源与活动，以实现教育与产业的深度融合和高效发展。自组织原则的核心在于各主体能够在一定的规则和框架下，自主决策、灵活调整，从而激发各自的主动性和创造力，促进合作的有效进行。

自组织原则强调高校的自主创新和灵活调整能力。在产教融合的过程中，高校应根据市场需求和自身优势，灵活调整专业设置和课程体系，积极引入企业的实际需求和前沿技术，确保培养的学生能够适应行业发展和市场变化。高校应鼓励教师进行教学方法和内容的创新，结合实际案例和企业项目，提高教学的实用性和针对性。同时，高校应建立灵活的合作机制，与企业和科研机构建立长期稳定的合作关系，形成互利共赢的合作模式。例如，高校可以根据企业的技术需求和发展方向，自主设立科研项目和实践课程，邀请企业专家参与教学和科研，形成产学研一体化的培养模式。

自组织原则强调企业在产教融合中的自主决策和资源整合能力。企业应根据自身的发展战略和技术需求，主动与高校和科研机构开展合作，参与人才培养和科研创新。例如，企业可以自主设立实训基地和科研平台，为高校提供实践场所和项目支持，促进学生在真实环境中的实际操作和问题解决能力的提升。企业还可以自主决定参与高校课程设计和教学活动，提供最新的行业知识和技术动态，帮助高校及时更新教学内容，提高教学质量。此外，企业应积极整合内部和外部资源，形成自主创新和协同发展的良性循环，提高自身的市场竞争力和技术创新能力。

科研机构在产教融合中的自组织能力体现在其自主创新和成果转化的灵活性上。科研机构应根据企业和市场的需求，自主选择研究方向和项目，开展应用研究和技术攻关，将科研成果迅速转化为实际生产力。科研机构应加强与高校和企业的合作，形成科研、教学和生产的有机结合，推动科技进步和产业升级。例如，科研机构可以自主设立科研项目，与企业共同申报科研基金和技术攻关项目，让科研机构在科研项目设立方面确实拥有较大的自主权，包括研究方案和技术路线的选择、团队组建和管理、以及经费使用等方面的自主决策权，这有助于激发科研机构和企业的活力，促进产教融合的顺利进行，解决企业在生产和技术创新中遇到的实际问题，提升企业的创新能力和市场竞争力。

产教融合的自组织原则强调各主体在一个相对开放、自主的环境中，自主地组织和协调各项资源与活动，实现教育与产业的深度融合和高效发展。通过这一原则，学校、企业、科研机构、政府、行业协会和社会组织等多方主体能够充分发挥各自的主动性和创造力，形成一个自主创新、灵活调整、协同发展的生态系统，推动技术创新和产业升级，促进经济社会的协调发展。

未来，随着产教融合的不断深化和发展，自组织原则将继续在提高教育质量、促进科技进步和推动经济发展方面发挥重要作用，为社会主义市场经济的繁荣和国家的现代化建设提供强有力的支持。

（三）协同性原则

与自组织原则相对应的协同性原则在产教融合的深入发展中显得尤为重要。在探索阶段，产教融合主要依靠自组织原则，各个利益群体通过自主组织和协调实现初步融合。然而，随着产教融合的不断深化，各主体需要更加紧密的协同合作，这便催生了协同性原则的应用。协同性原则借鉴协同教育理念，强调政府、行业、用人单位和学校之间整体与部分、各要素或子系统间的协同作用，增强职业院校的多主体协同性。

协同开展学校的产教融合的关键在于协同五个主体，尤其是政府、行业和企业的积极性和主动性。政府应完善法规政策，强化制度的约束力和系统的政策激励，通过政策支持和引导，创造良好的外部环境，推动产教融合的深入开展。具体而言，政府可以通过制定专项政策、提供财政支持和建立监督机制，确保各主体在产教融合中能够有效合作，共同推进人才培养和技术创新。

学校在协同性原则中扮演着核心角色，应不断提升服务社会的能力，增强协同行业和企业全方位支持和参与产教融合的吸引力。学校应积极建立合作桥梁和纽带，通过与企业和行业的紧密合作，形成互利共赢的合作模式。例如，学校可以通过设置与行业需求相匹配的课程和实训项目，邀请企业专家参与教学和科研，提升教学质量和学生的实践能力。此外，学校还应主动参与行业和企业的技术创新和研发活动，为企业提供技术支持和人才储备，增强其在产教融合中的影响力和吸引力。

行业和企业在产教融合中应以人才培养为己任，突破仅限于学校主体资源要素利用的协同瓶颈，积极参与和扶持校企协同开展产教融合。行业和企业应主动提供更多的资源平台和合作空间，支持学校的教学和科研活动。例如，企业可以通过设立实训基地、提供实习岗位和技术支持，帮助学校培养符合市场需求的高素质人才。同时，行业协会可以发挥桥梁作用，组织和协调行业内企业与学校的合作，促进信息交流和资源共享，提高产教融合的效率和效果。

全社会应强化对产教融合意义的宣传，提高全社会包括大学生对产教融合的认知度和参与度。通过广泛宣传产教融合的意义和成效，增强社会各界对产教融合的理解和支持，形成全社会共同推动产教融合的良好氛围。例如，可以通过媒体宣传、政策解读、经验分享等方式，让更多人了解产教融合的重要性和实际效果，激发全社会参与和支持产教融合的积极性。

协同性原则要求各主体在协同目的、协同内容、协同资源、协同时间、协同责任和成果分担等方面达成一致，构建政府有效宏观管理、行业与企业主动对接、社会广泛参与、学校主导、学生执行的职业院校产教融合机制。政府通过政策支持和引导，行业和企业通过资源投入和技术支持，学校通过教学和科研创新，学生通过积极参与和实践，全社会通过宣传和支持，共同形成一个协同发展的产教融合生态系统。通过这一机制，产教融合将更有效地培养出符合市场需求的高素质人才，推动技术创新和产业升级，实现教育与经济社会发展的良性互动。

（四）共享性原则

如今，共享经济已成为社会经济发展的重要组成部分，共享性原则也成为产教融合的重要原则。在产教融合和产学合作的背景下，开展大学生双创教育，共同培育创新创业人才，实现政府、学校、行业与企业、学生等多方主体的共同受益。需要特别注意的是，市场在资源配置中的作用至关重要，应建立政府激励机制、互惠互利的动力机制、共生发展的利益分享机制，确保各主体做到责任共担、利益共享，从而助推大学生产教融合的有序发展。

产教融合是现代职业教育的重要特点，也是建设现代职业教育的重要制度。其发展历程从"产学融合"到"产教融合"，描绘了我国产教融合在深度和广度上不断发展的趋势，为创新大学生双创教育机制提供了广阔的路径。在这一过程中，政府、学校、企业和学生等各主体各司其职，共同推动产教融合的深入发展。

学校在产教融合中处于核心地位，应主动适应市场需求，优化专业设置和课程体系，提升教育教学质量。学校应与企业紧密合作，共同制定人才培养方案，开展实训和实践教学，增强学生的实际操作能力和创新能力。例如，学校可以与企业共建实训基地，邀请企业专家参与教学，开展校企联合研发，提升学生的综合素质和就业竞争力。

企业作为产教融合的重要主体，应积极参与人才培养和技术创新，提供实训岗位和项目支持。企业可以通过设立奖学金、提供实习机会、参与课程设计等方式，支持学校的教育教学活动，推动人才培养模式的创新。例如，企业可以与学校共同开发新课程，设置与行业需求相匹配的教学内容，提升学生的专业知识和实践能力。同时，企业还应注重科研合作，与学校共同开展技术攻关和成果转化，推动产业升级和技术进步。

学生在产教融合中是直接的受益者，应积极参与各类实践活动和创新创业项目，不断提升自身的综合素质和能力。学生通过参与企业实习和项目实践，可以更好地了解行业动态和市场需求，增强自身的就业竞争力和创新能力。例如，学生可以在企业的指导下，参与实际项目的开发和实施，积累宝贵的实践经验，提升自身的职业素养和综合能力。

总之，共享性原则在产教融合中的应用，体现了各主体在资源配置中的市场导向和利益共享。通过建立政府激励机制、互惠互利的动力机制、共生发展的利益分享机制，实现责任共担、利益共享，确保产教融合的有序发展。这不仅是现代职业教育的重要特点，也是建设现代职业教育的重要制度，有助于推动我国产教融合在深度和广度上的不断发展，为创新大学生双创教育机制提供了广阔的路径和坚实的保障。

第二节 产教融合的相关理论

一、杜威的从做中学理论

杜威的从做中学理论是一种在学习过程中强调实践和经验重要性的教育理论，认为真正的学习不是通过简单的听讲或阅读书本知识，而是通过实际操作和亲身体验来实现的。杜威认为，教育的本质是通过学生的主动参与和实际操作，使他们在做中学到知识和技能，并形成批判性思维和解决问题的能力。这种理论强调学习者的主动性和参与性，主张通过动手实践和亲身体验，使学生在真实的情境中获得知识和技能，培养他们的创新精神和实践能力。

杜威的从做中学理论主张教学过程应以学生为中心，教师的角色应从传统的知识传授者转变为引导者和协作者，帮助学生在实际操作中发现问题、提出问题、解决问题。在这种教学模式中，教师应为学生创造丰富的实践机会，鼓励他们通过动手操作和实际体验来理解和掌握知识。例如，在科学课程中，教师可以组织学生进行实验操作，让他们通过亲身实践来理解科学原理和实验方法；在工程课程中，教师可以引导学生参与项目设计和实施，让他们在解决实际问题的过程中学习和应用工程知识。

从做中学理论还强调学习的情境性和社会性，认为学习应在真实的情境中进行，并通过与他人的互动和合作来实现。杜威认为，知识不是孤立存在的，而是与具体的情境和社会环境密切相关的，学生在实际操作中不仅能学到书本上的知识，还能通过与他人的合作和交流，培养团队合作精神和社会交往能力。例如，在团队项目中，学生需要分工合作，共同解决问题，这不仅能提高他们的专业技能，还能培养他们的团队合作精神和领导能力。

杜威的从做中学理论对现代教育产生了深远的影响，促使教育界更加重视实践教学和体验式学习。在这一理论的指导下，许多学校和教育机构开始重视实践教学，开设了各种实验课、实践课和项目课，鼓励学生通过动手操作和实际体验来学习和掌握知识。例如，一些学校开设了实验室、工作坊和实训基地，为学生提供丰富的实践机会；一些教育机构开展了各种形式的社会实践活动，让学生在真实的社会环境中体验和学习。

从做中学理论还推动了教育技术的发展，促使教育工作者不断探索和应用各种新的教育技术和方法，以提高教学效果和学习效果。例如，信息技术的发展为从做中学提供了丰富的资源和工具，使学生能够通过虚拟实验、模拟操作和在线实践等方式进行学习；项目式学习和问题式学习等教学方法的应用，使学生能够在解决实际问题的过程中学习和应用知识，提高他们的创新能力和实践能力。

从做中学理论还强调学习的连续性和终身性，认为学习不是一次性完成的，而是一个持续不断的过程，学生应在整个学习过程中不断实践和体验，积累知识和技能，培养终身学习的能力。这一观点与现代社会的需求高度契合，促使教育界更加重视培养学生的终身学习能力，帮助他们在不断变化的社会环境中保持竞争力。例如，学校应为学生提供持续的学习支持和资源，帮助他们在离开学校后仍能继续学习和发展；企业和社会组织应为员工提供继续教育和职业培训的机会，帮助他们在职业生涯中不断学习和提升。

杜威的从做中学理论不仅对基础教育产生了深远的影响，也对高等教育和职业教育产生了重要的启示。在高等教育中，从做中学理论促使高校更加重视实践教学和创新教育，鼓励学生通过科研实践和创新创业来学习和应用知识；在职业教育中，从做中学理论促使职业院校更加重视校企合作和实践教学，帮助学生在实际工作中学习和掌握职业技能，提高他们的就业竞争力和职业发展能力。

杜威的从做中学理论强调实践和经验在学习过程中的重要性，主张通过动手操作和亲身体验，使学生在做中学到知识和技能，培养他们的批判性思维和解决问题的能力。这一理论对现代教育产生了深远的影响，促使教育界更加重视实践教学和体验式学习，推动教育技术的发展，强调学习的连续性和终身性，为培养创新型人才和推动社会进步提供了重要的理论支持和实践指导。

二、陶行知的教学做合一理论

陶行知的教学做合一理论是一种强调教学与实践紧密结合的教育思想，认为教学与做事应当统一起来，只有在实践中才能真正理解和掌握知识。这一理论主张将教学过程与学生的实际生活和工作紧密联系，通过实际操作和具体实践，使学生在做中学、在学中做，从而培养他们的动手能力、创新能力和解决实际问题的能力。陶行知认为，知识来源于实践，只有通过亲身实践，才能真正理解和掌握知识。因此，他主张在教学过程中，应当将理论教学与实践操作有机结合，使学生在具体的实际操作中，真正理解和掌握所学知识。

陶行知的教学做合一理论强调教学的实践性，认为教育不应局限于书本知识的传授，而应通过实际操作和具体实践，使学生在动手操作中理解和掌握知识，培养他们的实践能力和创新精神。例如，在科学课程中，教师应当组织学生进行实验操作，让他们通过亲身实践来理解科学原理和实验方法；在工程课程中，教师应当引导学生参与项目设计和实施，使他们在解决实际问题的过程中学习和应用工程知识。这种实践性教学方法，不仅有助于学生理解和掌握知识，还能培养他们的实际操作能力和解决问题的能力。

教学做合一理论还强调教育的情境性和生活性，认为教育应当与学生的实际生活和工作紧密结合，使学生在真实的情境中学习和应用知识。陶行知认为，知识不是孤立存在，而是与具体的情境和生活密切相关，学生在实际操作中不仅能加深书本上的知识，还能通过与实际生活的结合，培养生活技能和社会能力。例如，在家庭教育中，家长可以通过带领孩子参与家务劳动，使他们在实际操作中学会生活技能；在学校教育中，教师可以通过组织学生参与社会实践活动，使他们在真实的社会环境中学习和应用知识，培养他们的社会适应能力和实践能力。

陶行知的教学做合一理论对现代教育产生了深远的影响，促使教育界更加重视实践教学和体验式学习。在这一理论的指导下，许多学校和教育机构开始重视实践教学，开设了各种实验课、实践课和项目课，鼓励学生通过动手操作和实际体验来学习和掌握知识。例如，一些学校开设了实验室、工作坊和实训基地，为学生提供丰富的实践机会；一些教育机构开展了各种形式的社会实践活动，让学生在真实的社会环境中体验和学习。

教学做合一理论还推动了教育技术的发展，促使教育工作者不断探索和应用各种新的教育技术和方法，以提高教学效果和学习效果。例如，信息技术的发展为教学做合一提供了丰富的资源和工具，使学生能够通过虚拟实验、模拟操作和在线实践等方式进行学习；项目式学习和问题式学习等教学方法的应用，使学生能够在解决实际问题的过程中学习和应用知识，提高他们的创新能力和实践能力。

通过这一理论的应用，教育工作者可以更好地帮助学生在真实的情境中学习和应用知识，培养他们的实践能力和创新精神，促进他们的全面发展。

三、福斯特的产学合作理论

福斯特的产学合作理论是一种强调教育机构与产业界紧密合作的教育思想，旨在通过高校与企业之间的深度合作，实现资源共享、优势互补，共同培养适应社会和市场需求的高素质人才。这一理论主张将高校的学术资源和科研能力与企业的实践经验和市场需求相结合，构建一个有机的合作体系，使教育与产业在合作中共同发展，形成双赢的局面。

福斯特的产学合作理论强调，教育机构应主动适应产业发展的需求，通过与企业的紧密合作，调整和优化课程设置、教学内容和培养模式，使所培养的学生能够更好地适应市场需求和产业发展的变化。例如，高校可以根据企业的技术需求和市场动向，开设相关专业课程和实训项目，邀请企业专家参与教学和科研，传授最新的行业知识和实践经验，提高学生的实际操作能力和职业素养。同时，企业可以通过提供实习机会、设立奖学金和参与科研项目，支持高校的教育教学活动，为学生提供更多的实践机会和发展空间。

福斯特的产学合作理论主张高校和企业应加强科研合作，联合开展技术攻关和创新研究，将高校的科研成果直接应用于企业生产实践，推动技术进步和产业升级。通过这种合作模式，企业能够获得最新的科研成果和技术支持，提高自身的创新能力和市场竞争力，而高校则可以通过参与企业的实际生产和技术开发，了解行业前沿动态，提升科研水平和社会服务能力。例如，高校可以与企业共同申报科研项目，联合开展技术研发和成果转化，将科研成果应用于生产实践，解决企业在生产过程中遇到的技术难题，推动产业技术升级和创新发展。

福斯特的产学合作理论还强调教育与产业之间的双向互动和协同发展。高校不仅要根据企业的需求调整教学和科研工作，还应积极参与企业的技术创新和管理实践，帮助企业提高技术水平和管理能力。企业则应积极参与高校的教学和科研工作，为高校提供技术支持和实践平台，帮助高校培养符合市场需求的高素质人才。通过这种双向互动和协同发展，高校和企业可以实现资源共享、优势互补，共同推动教育与产业的深度融合和协调发展。

此外，福斯特的产学合作理论还强调政府在产学合作中的引导和支持作用。政府应通过制定相关政策和法规，为产学合作提供制度保障和政策支持，鼓励高校和企业开展深度合作。例如，政府可以设立专项基金，支持产学合作项目的实施，提供税收优惠和资金补贴，鼓励企业参与高校的教育教学和科研活动。同时，政府还应搭建公共服务平台，促进高校与企业之间的信息交流和资源共享，提高产学合作的效率和效果。

福斯特的产学合作理论还注重培养学生的创新能力和实践能力，认为教育不仅应传授书本知识，还应通过实际操作和具体实践，培养学生的动手能力和创新精神。例如，高校可以通过与企业合作，开设创新创业课程和实践项目，鼓励学生参与企业的实际生产和技术开发，培养他们的创新思维和实践能力。同时，企业也可以通过设立创新创业基金，支持学生的创新创业活动，为学生提供更多的创新资源和发展机会。

总之，福斯特的产学合作理论强调教育机构与产业界的紧密合作，主张通过高校与企业之间的深度合作，实现资源共享、优势互补，共同培养适应社会和市场需求的高素质人才。这一理论强调高校应主动适应产业发展的需求，通过调整和优化课程设置、教学内容和培养模式，提高学生的实际操作能力和职业素养；企业应积极参与高校的教育教学和科研工作，为高校提供技术支持和实践平台，帮助高校培养符合市场需求的高素质人才；政府应通过制定相关政策和法规，为产学合作提供制度保障和政策支持，鼓励高校和企业开展深度合作。通过这种紧密合作和双向互动，高校和企业可以实现资源共享、优势互补，共同推动教育与产业的深度融合和协调发展，为社会和经济的可持续发展提供强有力的支持。

第三节 产教融合的功能与作用

产教融合是一种将生产与教育有机结合的教育模式，通过校企合作，提供更多的实践机会，提升学生的岗位能力和实践水平。产教融合整合了企业、学校、政府和社会组织的资源，实现了优势互补，对教师提出了新的要求和挑战。产教融合推动了高职教育的改革和创新，提高了教育教学的质量和水平，满足了社会对高素质人才的需求。产教融合不仅有利于学生的发展，还有利于促进企业的技术革新和生产效率的提升，实现学校和企业的共同发展，体现学校教育价值、社会价值和经济价值。通过产教融合，学校和企业共同发展，全面提升，为社会主义市场经济的高速和高质量发展提供了强有力的支持。

一、有利于专业定位和建设

产教融合有利于专业定位和建设，通过将生产与教育有机结合，实现理论知识与实践技能的有机协调与融合，全面提升学生的实践能力。在这一过程中，产教融合不仅为学生提供了更多的实践机会，培养了他们的岗位能力和实践水平，还通过整合和优化企业、学校、政府、社会组织等多方资源，实现了取长补短、优势互补，进一步推动了专业的精准定位和高质量建设。

（一）促进了高校专业定位的精准化

高校在与企业深入合作的过程中，可以全面了解行业和市场的需求，根据企业的实际需求和技术发展趋势，调整和优化专业设置和课程内容，确保培养的人才具有较强的市场适应性和竞争力。例如，学校可以根据企业的用人标准和技术要求，设计相应的课程体系和教学计划，邀请企业专家参与课程开发和教学，确保学生所学内容与企业实际需求高度契合。

（二）推动了专业建设的高质量发展

通过与企业的紧密合作，高校能够获得企业在生产实践中积累的宝贵经验和先进技术，应用到专业建设中，提高教学质量和水平。企业可以提供最新的设备和技术支持，帮助学校建设现代化的实训基地和实验室，使学生在校期间就能接触到真实的生产环境和工作流程，增强他们的动手能力和实践经验。例如，某些制造业企业可以与相关专业合作，提供先进的制造设备和技术指导，帮助学校建设专业实验室，开展实际操作培训，提高学生的技术水平和实践能力。

（三）为学生提供了更多就业机会和发展空间

通过参与企业的实际项目和生产实践，学生不仅可以积累宝贵的实践经验，提高自身的岗位能力和技术水平，还能直接了解企业的用人需求和职业发展方向，增加就业的成功率。企业在这一过程中也可以提前了解和选拔优秀人才，为自身的发展储备人力资源，提高企业的技术水平和市场竞争力。

总之，产教融合通过将生产与教育有机结合，全面提升了学生的实践能力和岗位技能，促进了专业定位的精准化和专业建设的高质量发展。通过整合和优化企业、学校、政府、社会组织等多方资源，产教融合实现了取长补短、优势互补，提高了教育教学的质量和水平，为社会培养了大批高素质的技术人才。同时，产教融合还推动了企业的技术创新和生产效率的提升，实现了学校和企业的共同发展，体现了教育的社会价值和经济价值，为社会和经济的可持续发展提供了强有力的支持。

二、有利于课程建设

课程体系是学科发展的基础和关键，企业岗位的各项技能都需要通过课程体系来体现，通过相应课程来培养对应岗位技能。我们曾经就校企合作中存在的问题以及校企合作参与各方对政策的诉求做过一次全国性的调研，主要选取经济发展较快、地方政府认识较充分、政府政策环境较宽松、经费投入力度较大、企业参与职业教育的意识较强的地区作为样本进行调研。企业对岗位职责有比较全面的了解，能够对各工种工作任务职责做出详细规划，然后将岗位职责标准转化成课程标准，企业项目实例转化为课程教学的案例。

我国职业教育校企合作存在政府、行业、企业、院校、学生五大层面的问题，这些问题是系统培养高端技能型人才以适应经济发展方式转变和产业结构升级的重大障碍，是当前中国职业教育宏观政策亟待破解的焦点问题。职业教育校企合作中存在的问题主要是企业主体缺位、行业企业参与不够，反映出经济领域缺少支持产教融合的配套制度。产教融合不仅应该是教育制度，而且应该是经济制度、产业制度的组成部分。企业在岗位职责方面的专业性和全面性可以为课程体系的设计提供坚实的基础，将岗位职责标准转化为课程标准，并将企业的实际项目实例转化为课程教学的案例，有助于学生更好地理解和掌握岗位技能。

课程体系作为学科发展的载体，通过产教融合和校企合作，可以有效提升学生的岗位技能和实践能力，促进职业教育的发展。政府、行业、企业、院校和学生各方应共同努力，解决校企合作中存在的问题，完善相关政策和制度，推动产教融合的深入发展。只有这样，才能培养出更多符合经济发展需求的高端技能型人才，推动产业结构升级和经济发展方式转变，实现职业教育和经济发展的双赢局面。

三、有利于提升教师的社会服务能力

产教融合是指产业与教育的深度合作，这种合作不仅有利于培养符合社会需求的高素质人才，还能够显著提升教师的社会服务能力。在现代社会，教师不仅仅是知识的传授者，更是学生成长的引路人、社会服务的参与者和推动者。通过产教融合，教师可以更好地融入社会实际需求，提升自身的社会服务能力，进而更好地为学生、学校和社会服务。

（一）使教师深入了解产业发展的实际需求

在传统的教育模式中，教师往往局限于学术研究和课堂教学，对产业发展的动态和具体需求了解不足。而通过产教融合，教师可以与企业密切合作，深入产业一线，了解产业发展的最新动态和实际需求。这种了解不仅可以使教师在教学中更加贴近实际，培养出更符合社会需求的人才，还能够提升教师自身的社会服务能力，使其能够在科研和教学中更好地服务于社会需求。

（二）促进教师实践能力的提升

在传统的教育模式中，教师的实践能力往往得不到充分锻炼。而通过产教融合，教师可以通过参与企业项目调研及生产等，提升自身的实践能力。这种实践能力的提升，不仅可以使教师在教学中更加生动、具体地讲解知识，还能够使教师在社会服务中更加游刃有余。教师在参与企业项目生产过程中，可以积累丰富的实践经验，这些经验不仅可以用于指导学生的实践活动，还可以用于为社会提供咨询和服务，提升教师的社会服务能力。

（三）促进教师与企业专家的交流与合作

通过这种交流与合作，教师可以学习到企业专家的先进管理经验和技术技能，提升自身的管理能力和技术水平。这种能力和水平的提升，不仅可以使教师在教学中更加专业和权威，还可以使教师在社会服务中更加有效和高效。教师在与企业专家的交流与合作中，还可以积累丰富的人脉资源，这些资源不仅可以用于教学和科研，还可以用于社会服务，提升教师的社会服务能力。

（四）使教师更好地了解学生的实际需求

通过与企业的合作，教师可以了解学生在实习和就业过程中遇到的实际问题，进而在教学中有针对性地进行指导，帮助学生更好地适应社会需求。这种针对性的指导，不仅可以提升学生的就业能力，还可以提升教师的社会服务能力，使其能够更好地为学生服务。此外，教师通过与企业的合作，还可以了解企业对人才的实际需求，进而在教学中有针对性地进行培养，帮助学生更好地适应社会需求。这种培养，不仅可以提升学生的就业能力，还可以提升教师的社会服务能力，使其能够更好地为社会服务。

（五）提升教师的科研能力

通过与企业的合作，教师可以获得更多的科研资源和研究课题，提升自身的科研能力。这种科研能力的提升，不仅可以使教师在教学中更加专业，还可以使教师在社会服务中更加高效。教师通过与企业的合作，还可以获得更多的科研成果，这些成果不仅可以用于指导学生的实践活动，还可以用于为社会提供咨询和服务，提升教师的社会服务能力。

综上所述，产教融合有利于提升教师的社会服务能力。通过产教融合，教师可以深入了解产业发展的实际需求，提升自身的实践能力，促进与企业专家的交流与合作，了解学生的实际需求，提升科研能力，从而更好地为学生、学校和社会服务。这不仅有利于教师的个人发展，也有利于学校的整体发展，更有利于社会的进步和发展。产教融合是一种双赢的合作模式，不仅有利于培养符合社会需求的高素质人才，还能够显著提升教师的社会服务能力，是现代教育发展的重要方向。

四、有利于学生就业

产教融合，即产业与教育的深度合作，是现代教育改革的重要方向之一，其核心目的是培养符合社会和经济发展需求的高素质应用型人才。在这一过程中，学生通过产教融合不仅可以获得更加丰富和实际的知识，还能够显著提升就业竞争力，从而更顺利地融入就业市场，实现自身职业发展目标。

（一）使学生能够接触到产业前沿的技术

传统的教育模式往往偏重于理论知识的传授，而忽视了实践能力的培养。而通过产教融合，学生在学习理论知识的同时，还能够通过企业实习、项目合作等形式，直接接触到产业一线的实际操作和管理流程。这种理论与实践相结合的教育模式，不仅可以提高学生的综合素质，还可以使他们更好地适应企业的实际需求，提升就业竞争力。

（二）使学生在校期间就积累一定的工作经验

许多企业在招聘时非常看重求职者的实际工作经验，而传统教育模式下的学生往往缺乏这种经验，导致他们在就业市场上竞争力不足。通过产教融合，学生可以于在校期间就参与企业的实际项目，积累宝贵的工作经验。这种工作经验不仅可以使学生在求职时更具竞争力，还可以使他们更快地适应新的工作环境和岗位要求，从而更顺利地实现就业。

（三）使学生建立起广泛的职业人脉网络

通过与企业的合作，学生在实习和项目过程中可以接触到行业内的专业人士，建立起广泛的人脉关系。这些人脉关系不仅可以为学生提供丰富的就业信息和机会，还可以为他们的职业发展提供有力的支持和帮助。许多企业在招聘时更愿意通过内部推荐和人脉关系找到合适的员工，产教融合使学生在这方面具备了显著的优势。

（四）使学生更好地了解就业市场的需求和趋势

通过与企业的紧密合作，学生可以了解到行业的最新动态和发展趋势，明确自身的职业发展方向和目标。这种对就业市场的深入了解，可以使学生在职业规划中更加有针对性和前瞻性，从而更好地提升自己的就业竞争力和职业发展空间。学生在校期间通过企业实习和项目合作，可以对自己的职业兴趣和能力有更清晰的认识，找到最适合自己的职业发展路径。

（五）提升学生的创新能力和创业精神

通过与企业的合作，学生可以参与到实际的创新项目中，培养自己的创新思维和实践能力。许多企业在合作过程中，会为学生提供创新和创业的机会，鼓励他们提出新的想法和解决方案。这种创新能力的培养，不仅可以提升学生的就业竞争力，还可以为他们的职业发展提供更多的选择和机会。一些学生甚至可以于在校期间就创业成功，成为企业的创始人或合伙人，实现自己的人生梦想。

（六）提升学生的职业素养和综合素质

通过与企业的合作，学生可以在实践中锻炼自己的团队合作能力、沟通能力和解决问题的能力。这些综合素质和职业素养是企业在招聘时非常看重的，通过产教融合，学生可以在校期间就具备这些能力，从而在就业市场上更具竞争力。同时，产教融合还可以培养学生的责任感和职业道德，使他们在未来的职业生涯中更加出色和成功。

综上所述，产教融合有利于学生就业。通过产教融合，学生可以接触到产业前沿的技术和知识，积累实际工作经验，建立广泛的职业人脉网络，了解就业市场的需求和趋势，提升创新能力和创业精神，提升职业素养和综合素质。这种教育模式不仅可以提升学生的就业竞争力，还可以帮助他们更好地实现职业发展目标，推动社会和经济的可持续发展。产教融合是现代教育改革的重要方向，对于提升学生就业具有重要的意义和作用。

第三章

产教融合改进路径与转型的助推价值

第一节　产教融合改进中的问题

资源是人类行为动力的基础。人类的各类活动无一例外要以资源为支撑，人类发展的历程从某种程度上也是石器、土地、青铜、铁器、煤、石油、电力、海洋等资源开发、利用和争夺的过程。资源是诠释组织建立、运行和发展的钥匙。可以说，资源不仅是人类及其组织存在和发展的基础，也是解释人类及其组织的行为的关键。学校作为一个有机体，是由教师、学生、学校管理人员、实训设备、经费等资源聚合而成的，同时它还和有机体外部的政府、行业企业、社区、其他学校进行着资源交换。充足的资源，是应用型学校深化产教融合的根基和前提。现实来看，学校匮乏的经费、学科专业、师资、场地设备等资源，不利于其通过整合内部资源和吸收外部资源深化产教融合，极大地制约了应用型产教融合动力。

一、经费方面

经费是货币或钱的同义词，它直接从源头上决定着资源的多寡。自从人类有贸易以来，货币就作为一般等价物成为各种资源交换的媒介，人类通过持有货币可以购买能满足自己需要的资源，同时也可以将自己的资源兑换成货币储存起来或借贷出去。近现代社会以来，经费逐渐在个人和组织的生存和发展中扮演着越来越重要的角色，个人或组织一旦没了经费，就会丧失在现代社会生存的砝码。同样，没有足够的经费支持，应用型产教融合动力好似无源之水，无法流长。

（一）学校办学经费有限

学校办学规模小，服务社会的能力差，办学经费主要源于地方政府，办学经费有限，很难为深化产教融合提供充足的动力。经费从源头上决定着学校可以调动的人力、物力、技术等资源，应用型学校"囊中羞涩"的现实，直接导致其在深化产教融合的过程中被处处掣肘。

（二）产教融合缺乏教育专项经费支持

加大对学校转型试点的经费支持。各地可结合现实状况，完善相关财政政策，对改革试点统筹给予倾斜支持，加大对产业发展急需、技术性强、办学成本高和艰苦行业相关专业的支持力度。理论上讲，实践型人力资源的培养可能比学术型人才和技术技能型人才的培养更耗费资源，因而需要更多的经费支持。应用型学校多属于省市级政府举办的学校，其教育经费本就有限，现要推进其深化产教融合，缺少经费的保障。

鼓励学校健全多元投入机制，积极争取行业企业和社会各界支持，优化调整经费支出结构，向教育教学改革、实验实训实习和"双师双能型"教师队伍建设等方面倾斜。许多应用型学校也通过项目立项等形式设立了专项经费，但这些经费数额有限，无法为应用型学校深化产教融合提供有效支撑。

学校的二级学院是深化产教融合的改革试点和实施主体。深化产教融合，要求二级学院在学科专业调整、课程开发、教学改革、实验实训实习基地建设、"双师双能型"教师队伍建设等方面实施综合的系统改革。不幸的是，经费的不足使许多在改革之初意气风发的二级学院，在真正推进改革的时候往往步履蹒跚、半折心始。

（三）企业没享受到减免税收优惠

在推进校企合作方面，许多学者提出以减免税收的方式鼓励企业主动与学校合作。公益性捐赠是指企业通过公益性社会团体或者县级以上人民政府及其部门，用于《中华人民共和国公益事业捐赠法》规定的公益事业（包括教育、科学、文化、卫生和体育事业）的捐赠。多数企业不知道或没有享受到减免税收优惠，学校的学校管理人员也不了解减免税收政策，因而无法以此切入点激励企业参与校企合作。出现这种情况的原因，一方面可能由于一些企业不了解减免税收政策或者笔者访谈的企业人员不了解公司的财务或减免税收情况；另一方面可能因为减免税收政策在具体的操作和实施层面宣传不到位或者存在一些运作困难。

二、学科专业方面

学科是知识分门别类的结果，学科的细化和交叉形成了专业。专业的设置与变更，主要受两方面的影响：一是产业细化或职业发展变化；二是科学发展的综合与分化。以一个学科为基础可以设置若干个专业，一个专业可能需要两个或多个学科为支撑。我国普通高等教育的 14 大学科门类下设有 112 个一级学科，一级学科之下还有层级式的二级学科、专业和研究方向。学科建设水平决定着学科发展水平，学科建设可以为学科发展提供高水平的师资队伍、教学与研究的基地、包含学科发展最新成果的课程教学内容等。

（一）学科少

学科数量和实力是学校深化产教融合（主要是校企合作方面）的基础。高校是以高深知识的创新、传播和应用来服务社会的，建立在知识创新和应用基础上的科研技术水平（或产品研发能力）是校企合作的重要资本。一所学校的学科数量越多、实力越强，其科研技术水平和产品研发能力越高，越能为企业和社会提供好的服务，越能在校企合作市场上占据优势。根据目前的评价体制，如果某个一级学科具有博士学位授予权，则说明其学科实力较强。据此，可从学校的学科设置及其具有的一级学科博士学位授予权数量，大致估计其科研技术水平。

（二）师范类学校重视人文学科

学科和专业是高等教育培养人才的重要载体，学校深化产教融合有必要依据产业发展需求调整学科方向和专业设置，建立密切对接产业链、创新链的专业体系。但是，基于知识分化与产业细化的学科专业和基于经济分散与集聚的产业之间并不是严格对应的，很多专业尤其是人文社会学科专业（如哲学、文学、社会学、史学等）和产业之间联系相对疏离和模糊，甚至横亘着不小的鸿沟。这表明，师范类学校的学科专业设置越偏重人文社科学科，越没有和产业融合的空间，其深化产教融合动力也越小。

（三）研究型大学的制约

研究型大学通常是在某一国家或地区比较有影响力的中心大学，它们是知识的创造者和国际知识系统的重要组成部分，获得了大部分研究经费，培养了绝大多数博士研究生，是公认的学术领袖。研究型大学不仅支配着处于边缘地位的应用型学校的发展，而且给应用型学校深化产教融合设置了诸多挑战，这种挑战在应用型学校的学科专业调整方面表现得尤为明显。一方面，研究型大学垄断了高端实践型人力资源的培养，掐灭了应用型学校在更高层次深化产教融合的动力。根据目前的人才培养体系，如果把应用型学校培养的人才定位于区别与高职高专的高层次实践型人力资源，那么专业学位的硕士和博士研究生可谓是高端实践型人力资源。研究生层次更强调学生在某一领域或某一专业的专研，专业划分较细，学校在专业划分上的自主权和灵活性也较强，也更容易实现职业教育和产业发展的融合。然而，我国的高端实践型人力资源已经被研究型大学垄断，应用型学校在资源和制度上均没有培养高端实践型人力资源的条件和资格，这无形中掐灭了应用型学校在更高层次深化产教融合的动力。另一方面，很多学科本身就是应用型的，研究型大学在这些应用型学科专业上的强势，弱化了应用型学校深化产教融合的动力。人类认识世界和改造世界的过程，要经过理论、理论的实践性转化、实践应用三个具体阶段。与每一阶段相对应，人才类型可以划分为：学术型人才、工程型人才、技术技能型人才。据此，知识也可被分为理论知识、应用知识和技术技能。学科是知识制度化的分类与整合，除理论知识外，学科内部天然内含着应用知识和技术技能。从大学学科的发展看，中世纪大学所开设的文、法、医、神四个学科都有很强的应用特点。工业革命之后整体生态科学技术的迅猛发展，大大提高了大学内部应用知识和技术技能的比例，这不仅使医学、法学等强应用学科遗传至今，而且使工学、农学、艺术学、管理学等强应用特性学科充实到大学之中。

我国 14 个学科门类中，经济学、法学、工学、农学、医学、管理学、艺术学、军事学都有着很强的应用特性，一些学科门类下设的一级学科还对理论和应用做了区分。比如，经济学有两个一级学科——理论经济学和应用经济学。夸张地讲，凡知识皆有价值，任何知识都可以运用和应用到实际的生产生活之中。中国的大学基本上都设置有应用型的学科专业，本是好事。但如果放到应用型学校深化产教融合的语境下，则会出现一些负面效应，即研究型大学的应用型学科强势反而弱了应用型学校深化产教融合培养实践型人力资源的动力。

无论是从高等教育分层分类的思想，还是国家政策的导向，抑或是地方普通本科学校发展的困境，着力发展应用型本科教育似乎是地方本科院校摆脱发展困境的唯一出路。但是，现实的情况是，大学并没有夸张到一心培养学术型人才的地步，大学的基因中内含着应用的要素，应用型教育和应用学科专业在现代大学中占据着很大的比例，也有着不凡的规模和地位。在地方普通本科学校向应用型转变的过程中，研究型大学强势的应用学科专业，在继续支配和影响应用型学校的学科专业发展的同时，也为应用型学校这一命题的成立和应用型学校深化产教融合的动力戴上了一套"隐形的枷锁"。

三、师资方面

教育是教师培养学生的活动，没有好的师资，实践型人力资源的培养就好比没有专职园丁看管打理的果园，不可能结出人们预期的硕果。加强"双师双能型"教师队伍建设。"双师双能型"教师是在以往"双师型"教师基础上对教师素养要求的进一步提升。"双师型"教师主要指"双证"或"双职称"教师，这类教师既具有专业技术人员、工艺师等技术职务，又取得教师资格并从事教育教学工作。"双能型"教师则要求教师既具备理论知识的传授能力，又具备实践教学能力。应用型学校深化产教融合迫切需要"双师双能型"师资的保障，但是应用型学校在短期内很难招买或培养出"双师双能型"教师，这进一步削弱了应用型学校深化产教融合的动力。

（一）师资力量不足

应用型学校的师资相当薄弱，远逊于地方重点学校和部属学校。应用型学校的教职工数量、专任教师数量、高级职称教师数量、正高级教师占专任教师的比例、最高学历为博士的教师数量及其占专任教师的比例、享受国务院政府特殊津贴专家的数量均低于地方重点学校，更别说部属学校。其中，高级职称教师包括学校中的教授、教授级高级专业技术人员、教授级高级经济师等，副高职称教师包括副教授、高级实验师、高级专业技术人员、高级经济师等，最高学历为博士的教师不包括正在攻读博士学位的专任教师。此外，应用型学校拥有的两院院士、"万人计划"入选者、"千人计划"入选者、"青年千人计划"入选者、"外专千人计划"入选者、国务院学位管理协会学科评议组成员、"973"项目首席科学家、长江学者、"百千万人才工程""国家杰出青年基金"获得者等国家高层次人才屈指可数，远低于地方重点学校和部属学校。应用型学校薄弱的师资力量，直接造成其在学科实力、科研能力、声誉和教学产教融合的水平方面弱于地方重点学校和部属学校，无法诱使行业企业的主动合作，也不利于提高应用型技术技能型人才的培养产教融合的水平。

（二）专职教师实践能力不足

应用型学校专职教师的实践教学能力亟待提高。应用型学校招聘的青年教师基本上都是校园里走出的硕士和博士，他们科研能力强，但几乎没有在企业待过，不了解一线的实践知识的传授情况，教师的实践教学能力很差。许多45岁以上的教师年轻时曾在行业企业工作过，改革开放后他们逐渐通过进修、读大学等方式成为学校教师，有一定的实践经验，但这些实践经验显然已落伍于时代。许多教师教了十几年书，自己却从没进过工厂。应用型学校要积极引进行业公认专才，聘请企业优秀专业技术人才、管理人才和高技能人才，有计划地选送教师到企业接受培训、挂职工作和实践锻炼，加强"双师双能型"教师队伍建设。

（三）优秀行业企业师资难引进

由于提供的教师工资待遇较低，应用型学校根本无法引进行业、企业的优秀人才。从人才培养的角度而言，应用型学校希望引进的企业师资往往是大型企业中的中年高级专业技术人员，这个年龄段的专业技术人员既有一定的理论和实践积累，也能掌握到本领域的核心技术和前沿问题，能更好地将产业需求和生产的尖端技术介绍给应用型学校的教师和学生，深化产教融合。但是，这个阶段的专业技术人员往往又是企业的"顶梁柱"，企业给他们提供的工资往往高于平均工资。在如此悬殊的工资待遇下，应用型学校当然吸引不到优秀的企业人才。而且学校并不敢贸然给企业人才提供较好的待遇，因为这容易引发整个学校内部薪酬分配的不公平，引起其他教师的不满。更为严重的是，一些应用型学校给企业人才提供的工资是非常低的，有时甚至还不如学校的讲师和助教，这导致其很难从行业企业引进优秀的高级专业技术人员。应用型学校引进高级专业技术人员的待遇远低于博士（进校后一般在一两年内成为讲师）和教授。

（四）教师培训阻力大

教师培训是提高应用型学校教师实践教学能力的重要途径。目前，可操作的教师培训方式有三种：教师到企业挂职学习；教师到国外应用技术大学考察学习；教师到国内较好的应用型学校轮岗实训。但是，资金不足、教师培训意愿不高、评价制度、观念等现实条件的束缚给应用型学校的教师培训带来一系列阻力。尤其是教师培训增加了教师的工作量，在薪酬没有相应增加的情况下，多数教师习惯于过去的以讲授课本知识为主的教学方式，并认为按照现有的教学方式照样可以完成教学工作，所以不愿意去企业参加培训。

（五）外聘兼职教师不实用

在校内教师实践教学能力不强和优秀的行业企业师资难引进的情况下，应用型学校只好外聘一些兼职教师来弥补"双师双能型"教师的不足。兼职教师主要在企业工作，学校只能要求他们定期或不定期地以讲座、报告、教授少量实践课程的方式参与教学工作，并提供一定的报酬。在如此零散的教学方式下，学生的收获非常微弱。

四、实训设施

教育教学的场地设备是影响教育产教融合的水平的重要因素。应用型学校深化产教融合，需要实训实践基地、实验（试验）室和教育教学设备的支撑。按照所服务行业先进技术水平，采取企业投资或捐赠、政府购买、学校自筹、融资等多种方式加快实验实训实习基地建设。"巧妇难为无米之炊"，应用型学校连"炊具"的供给都不足，又何谈深化产教融合？

（一）校内就业前实践的专门基地数量有限

就业前实践的专门基地也称实训中心，是学生实习（实践）和培训的主要场所，既包括学校自己筹办建立的校内就业前实践的专门基地，也包括学校和企业合作建立的校外就业前实践的专门基地。就业前实践的专门基地是提高实践型人力资源实践能力和职业素养的重要场所，一般为真实或仿真度较高的生产车间或场所，配备有一系列可供学生操作的设备和仪器。

应用型学校的校外就业前实践的专门基地较多，只要和企业建立合作关系，企业基本可以成为学生的就业前实践的专门基地，尽管一些企业只允许学生在企业的特定部门或车间实习。较之校内的就业前实践的专门基地，教师和学生在校外就业前实践的专门基地进行教学的交易费用很大。其原因在于，学生到企业实训的交通费、住宿费开销较大，学校和学生都不愿意承担这笔开销。因为，一则学生缴纳了学费，按规定已经缴纳了参加实训等人才培养的费用，不应该再缴纳其他费用；二则应用型学校的学费收入和办学经费本就紧张，整体生态不愿拿太多的钱支持学生到校外实训，况且学校的学费还被政府规制着。此外，学校和行业企业的沟通成本也不小，尤其是一旦学生出了安全问题，双方极容易出现"扯皮"现象。

（二）实验室条件和运行维护缺乏资金

实验（试验）室，也称实验教学中心，是理工类学科培养人才的重要载体，也是应用型技术技能型人才培养的重要教学设备。实验室是应用型学校在校内培养人才的重要场所，其经费来源渠道一般为学校自筹、政府专项财政支持和企业募捐等。

应用型学校实验室的经费投入有限。受办学经费的限制，应用型学校很难自筹经费建设大型实验室。应用型学校实验室的数量少，条件一般，多数实验室处于基本可以支持人才培养的水平。应用型学校几乎没有国家级重点实验室，省级重点实验室数量一般不超过 5 个，实验室的条件还相对简陋。应用型学校实验室的运行和维护经费有限。实验室的运行和维护包括购置教学设施和实验教学软件，改造实验室环境，安排专门的管理人员。受经费限制，应用型学校很少更换教学设备和实验教学软件，很多实验室建成后几乎没有装修过。由于实验室管理人员没有编制、工资低、工作时间长（很多实验室是 24 小时开放），且要具备一定的专业知识（如化学实验室管理员行必须掌握一定的化学知识），学校很难招聘到好的实验室管理人员。为此，不少应用型学校只好安排教师轮流值班或者高年级学生轮流值日，维持实验室的运行。

（三）实践教学设备购买困难

众所周知，大学的一些教学设备非常昂贵，一台仪器、一块材料、一些药剂的价格可能动辄上万元。应用型学校经费有限，教育教学设备本就不足。雪上加霜的是，应用型学校深化产教融合培养实践型人力资源，需要购买大量的生产一线的教学设备。实践型人力资源的培养需要让一批又一批的学生长期反复实践学习，校企合作也反过来要求学校购买较多的实践教学设备，这两方面的现实越发加剧了应用型学校教学设备的紧缺。

第二节 产教融合对学校转型的助推价值

一、产教融合支持系统建立的动因

（一）产教融合立法层面

1.能够为产教融合提供法律保障

产教融合涉及教育部门、企业、政府等多个主体，涉及教育、劳动、经济等多个领域，关系复杂，利益多元。通过立法手段，明确产教融合的法律地位，规定各主体的权利和义务，可以为产教融合提供坚实的法律保障，确保各方在法律框架内规范运作，减少因法律模糊导致的纠纷和争议。例如，可以通过立法规定企业在参与产教融合过程中的责任和义务，如提供实习机会、参与课程设计等，确保企业能够积极参与产教融合，同时也保障学生的合法权益。

2.为产教融合提供政策支持

法律作为国家意志的体现，其制定和实施具有权威性和强制性。通过立法手段，可以为产教融合提供强有力的政策支持，推动各项产教融合政策的落实。例如，可以通过立法规定政府对参与产教融合的企业和学校给予税收优惠、财政补贴等政策支持，激励企业和学校积极参与产教融合。此外，还可以通过立法规定政府对产教融合项目的监管和评估机制，确保产教融合项目的质量和效果，推动产教融合的健康发展。

3.规范产教融合的运作机制

产教融合涉及多个主体和多个环节，其运作机制复杂，往往存在协调不畅、资源浪费等问题。通过立法手段，可以规范产教融合的运作机制，明确各主体的职责分工和合作方式，确保产教融合的高效运作。例如，可以通过立法规定学校与企业在产教融合过程中的合作协议和合作模式，明确双方在实习基地建设、课程设计、教师培训等方面的合作内容和方式，确保合作的规范性和有效性。此外，还可以通过立法规定产教融合过程中的利益分配机制，确保各方利益的合理分配，减少因利益纠纷导致的合作障碍。

4.保障产教融合的资源配置

产教融合需要大量的资源投入，如资金、设备、场地、师资等，资源配置的合理性直接关系到产教融合的效果。通过立法手段，可以规范产教融合的资源配置机制，确保资源的合理配置和高效利用。例如，可以通过立法规定政府对产教融合项目的专项资金支持，确保资金的合理使用和监管。此外，还可以通过立法规定企业在参与产教融合过程中的资源投入责任，确保企业能够为产教融合提供必要的资源支持。

5.促进产教融合的持续发展

产教融合是一项长期而复杂的系统工程，需要持续不断的投入和改进。通过立法手段，可以为产教融合的持续发展提供保障。例如，可以通过立法规定产教融合的长期发展规划和目标，明确各阶段的工作重点和任务，确保产教融合的有序推进。此外，还可以通过立法规定产教融合的评估和反馈机制，及时总结经验和教训，改进和完善产教融合的各项工作，推动产教融合的持续健康发展。如无锡市于2024年开展《无锡市职业教育条例》立法，通过地方立法增强职业教育专业设置与市场需求的匹配度、职业教育发展与产业转型升级的契合度，为推动职业教育高质量发展提供根本遵循。

综上所述，产教融合立法层面的支持是建立完善的产教融合支持系统的重要动因。通过立法手段，可以为产教融合提供法律保障和政策支持，规范产教融合的运作机制，保障资源的合理配置，促进产教融合的持续发展。

（二）产教融合财政政策层面

1.能够为产教融合提供资金保障

产教融合需要大量的资金投入，包括实训设备的购置与维护、教师的培训与进修、校企合作项目的实施等。而财政政策的制定和实施，可以为这些项目提供稳定的资金来源，确保各项工作的顺利进行。例如，政府可以通过设立专项资金，用于支持学校与企业的合作项目，鼓励企业参与到教育培训中来。同时，政府还可以通过财政补贴的形式，降低企业参与产教融合的成本，激励企业积极参与，为产教融合提供更多的资源支持。

2.通过税收优惠激励企业和学校积极参与产教融合

税收政策作为财政政策的重要组成部分，其制定和实施对企业和学校的行为有着重要的引导作用。政府可以通过制定税收优惠政策，如对参与产教融合的企业给予税收减免、对合作项目中的设备和设施购置给予税收抵扣等，激励企业和学校积极参与产教融合。通过降低税负，可以减轻企业和学校的资金压力，提高他们参与产教融合的积极性，推动产教融合的深入开展。

3.通过资金拨付机制的优化，提高资金使用效益

财政资金的高效使用是实现产教融合目标的重要保障。政府应根据产教融合的实际需求，科学制定资金拨付机制，确保资金能够及时到位并得到合理使用。例如，政府可以通过建立专项资金拨付机制，根据产教融合项目的实际进展和需求，分阶段拨付资金，确保项目的顺利实施。同时，政府还应加强对资金使用情况的监督和审计，确保资金的合理使用，防止资金的浪费和挪用，提高资金使用效益。

4.通过建立多元化的资金筹集机制，拓宽资金来源渠道

产教融合的资金需求量大，仅靠政府财政投入难以满足全部需求。因此，政府应积极探索和建立多元化的资金筹集机制，拓宽资金来源渠道，确保产教融合的可持续发展。例如，政府可以鼓励和引导企业、社会组织和个人通

过捐赠、资助等方式，为产教融合提供资金支持。此外，政府还可以通过设立产教融合基金，吸引社会资本参与到产教融合中来，形成多元化的资金筹集渠道，确保资金的充足供应。

5.通过支持产教融合的创新项目，推动产教融合的创新发展

财政政策的制定和实施应注重对产教融合创新项目的支持，鼓励和引导学校和企业在产教融合中进行创新探索。例如，政府可以通过设立创新基金，支持学校和企业在新技术、新模式、新业态等方面进行探索和尝试，推动产教融合的创新发展。同时，政府还可以通过政策引导，鼓励学校和企业在产教融合中应用现代信息技术，提高产教融合的智能化和信息化水平，提升产教融合的质量和效益。

6.通过建立和完善产教融合绩效评价体系，推动产教融合的高质量发展

财政政策的制定和实施应注重对产教融合绩效的评价和监督，确保财政资金的合理使用和高效配置。例如，政府可以建立和完善产教融合绩效评价体系，通过科学合理的评价指标和方法，对产教融合项目的实施效果进行全面评价，及时发现和解决问题，改进和完善产教融合工作。通过绩效评价，可以确保财政资金的高效使用，提高产教融合的质量和效益，推动产教融合的高质量发展。

综上所述，产教融合财政政策层面的支持是建立完善的产教融合支持系统的重要动因。通过制定和实施科学合理的财政政策，可以为产教融合提供资金保障，激励企业和学校积极参与，优化资金拨付机制，拓宽资金来源渠道，支持产教融合的创新项目，建立和完善绩效评价体系，确保产教融合的顺利推进和高质量发展。

（三）产教融合组织保障层面

1.能够为产教融合提供制度支持

产教融合涉及教育部门、企业、政府等多个主体，关系复杂，利益多元。

通过建立健全的组织保障体系，可以制定和实施一系列制度，明确各主体的权利和义务，为产教融合提供坚实的制度支持。例如，可以通过建立产教融合协调委员会，明确各主体在产教融合过程中的职责和权限，确保各方在制度框架内规范运作，减少因制度不健全导致的纠纷和争议。同时，协调委员会还可以定期召开会议，研究和解决产教融合过程中出现的问题，推动产教融合工作的顺利开展。

2.通过建立多层次的合作机制，促进产教融合的深入开展

产教融合需要多层次、多渠道的合作机制来保障其有效实施。通过建立多层次的合作机制，可以确保各主体在不同层次、不同领域的合作顺利进行。例如，可以通过建立校企合作平台，促进学校与企业在人才培养、技术研发、项目合作等方面的深度合作。校企合作平台可以通过定期举办交流会、研讨会等活动，为学校和企业提供沟通和交流的机会，推动双方在合作中不断深化和拓展。同时，还可以通过建立区域性产教融合联盟，推动区域内各类资源的共享和整合，提高产教融合的整体效能。

3.通过加强产教融合人才队伍建设，提高产教融合的专业化水平

人才是产教融合的关键，只有具备高素质的专业人才队伍，才能确保产教融合的顺利实施和高效运作。通过建立健全的人才保障机制，可以吸引和培养一批高水平的产教融合专业人才，为产教融合提供智力支持。例如，可以通过设立产教融合专项培训项目，定期对相关人员进行专业培训，提高他们的专业素养和管理能力。同时，还可以通过建立产教融合专家库，邀请行业内外的专家担任顾问，为产教融合提供专业指导和咨询，确保各项工作的科学性和有效性。

4.通过建立健全的评估和激励机制，推动产教融合的持续改进和创新

评估和激励机制是推动产教融合不断改进和创新的重要手段。通过建立科学合理的评估和激励机制，可以及时发现和解决产教融合过程中的问题，推动各项工作的不断完善和提升。例如，可以通过建立产教融合绩效评估体

系，对各主体在产教融合中的表现进行全面评估，及时反馈评估结果，并根据评估结果进行改进。同时，还可以通过设立产教融合奖励基金，对在产教融合中表现突出的单位和个人给予表彰和奖励，激励各主体积极参与和推进产教融合。

5.通过加强政策支持，营造良好的产教融合环境

政策支持是推动产教融合的重要保障。通过制定和实施一系列政策措施，可以为产教融合提供良好的外部环境，促进产教融合的顺利推进。例如，可以通过制定税收优惠政策，鼓励企业参与产教融合，提供实习和就业机会。同时，还可以通过制定财政支持政策，为产教融合提供资金保障，确保各项工作的顺利实施。此外，还可以通过加强政府部门的协调和合作，形成政策合力，推动产教融合的全面深化。

6.通过建立信息共享平台，促进信息的交流和共享

信息共享是产教融合的重要基础。通过建立信息共享平台，可以实现各主体之间的信息互通和资源共享，推动产教融合的顺利实施。例如，可以通过建立产教融合信息数据库，收集和整理各类产教融合相关信息，为各主体提供信息支持。同时，还可以通过建立产教融合信息发布平台，及时发布产教融合的最新动态和成果，为各主体提供参考和借鉴，提高产教融合的透明度和公信力。

综上所述，产教融合组织保障层面的支持是建立完善的产教融合支持系统的重要动因。通过建立健全的组织保障体系，可以为产教融合提供制度支持和政策支持，促进多层次的合作机制，加强人才队伍建设，建立科学的评估和激励机制，营造良好的产教融合环境，促进信息的交流和共享。

（四）产教融合评价体系层面

1.能够为产教融合提供科学的评估依据

产教融合涉及多个主体、多种资源和多样化的合作模式，其效果的评估

需要科学、全面的方法。通过建立科学的评价体系，可以从多个维度对产教融合的效果进行全面评估，为各主体提供客观的评估依据。例如，可以从人才培养质量、学生就业情况、企业参与度、合作项目成果等方面进行评估，全面了解和掌握产教融合的实际效果，为各主体的决策提供参考依据。

2.促进产教融合的持续改进和创新

通过科学的评价体系，可以及时发现和解决产教融合过程中的问题，推动各项工作的不断完善和提升。例如，通过定期对产教融合项目进行评估，可以及时发现项目实施过程中存在的问题，并根据评估结果进行改进，确保项目的顺利实施和预期目标的实现。同时，评价体系还可以鼓励各主体在产教融合中进行创新探索，通过对创新项目的评估和推广，推动产教融合的创新发展。

3.激励各主体积极参与产教融合

公平、公正、透明的评价机制是确保评价体系有效运行的重要保障。通过建立公平、公正、透明的评价机制，可以激励各主体积极参与产教融合，提高各主体的参与积极性和主动性。例如，可以通过设立产教融合评价委员会，邀请各方代表参与评价工作，确保评价过程的公正和透明。同时，还可以通过建立公开的评价结果发布机制，及时公布评价结果，提高评价工作的透明度和公信力。

4.确保评价的全面性和科学性

产教融合涉及多个方面和多个层次，需要建立多层次、多维度的评价指标体系，确保评价的全面性和科学性。例如，可以从人才培养质量、学生就业情况、企业参与度、合作项目成果、资源配置效率、政策支持力度等多个维度建立评价指标体系，全面评估产教融合的效果和影响。通过建立全面、科学的评价指标体系，可以确保评价工作的准确性和有效性，为各主体提供客观、全面的评估依据。

5.确保评价工作的及时性和持续性

产教融合是一个动态发展的过程，需要建立动态的评价机制，确保评价工作的及时性和持续性。例如，可以通过定期开展评价工作，及时了解和掌握产教融合的最新进展和效果，为各主体提供及时的反馈和建议。同时，还可以通过建立动态的数据监测和分析系统，实时监控产教融合的各项指标，及时发现和解决问题，确保产教融合工作的持续改进和提升。

6.推动产教融合的高质量发展

奖惩机制是评价体系的重要组成部分，通过建立科学合理的奖惩机制，可以激励先进，鞭策后进，推动产教融合的高质量发展。例如，可以通过设立产教融合奖项，对在产教融合中表现突出的单位和个人进行表彰和奖励，激励各主体积极参与产教融合。同时，还可以对评价结果不佳的单位和个人进行适当的惩戒，督促其改进工作，提高产教融合的质量和效果。

综上所述，产教融合评价体系层面的支持是建立完善的产教融合支持系统的重要动因。通过建立科学、合理、全面的评价体系，可以为产教融合提供科学的评估依据，促进产教融合的持续改进和创新，激励各主体积极参与，确保评价的公平、公正、透明，建立多层次、多维度的评价指标体系，确保评价的全面性和科学性，建立动态的评价机制，确保评价工作的及时性和持续性，建立奖惩机制，推动产教融合的高质量发展。

二、产教融合法规支持系统建立

（一）能够为产教融合提供法律基础

法规作为国家意志的体现，具有强制性和权威性。通过制定和实施产教融合相关法律法规，可以明确各主体在产教融合过程中的权利和义务，为产教融合提供坚实的法律基础。例如，可以通过制定《产教融合促进法》，明确产教融合的基本原则、主要目标和实施路径，规定政府、学校、企业等各主体在产教融合中的职责和权利，确保各方在法律框架内规范运作，减少因法律不健全导致的纠纷和争议。同时，法规还可以规定产教融合的具体实施细则，如校企合作的模式和程序、合作项目的审批和监管等，确保产教融合工作的有序开展。如：2024 年 1 月 16 日天津市第十八届人民代表大会常务委员会第七次会议通过《天津市职业教育产教融合促进条例》

（二）通过建立多层次的法律保障机制，促进产教融合的深入开展

产教融合涉及多个主体、多种资源和多样化的合作模式，其实施需要多层次的法律保障机制。通过建立多层次的法律保障机制，可以确保各主体在不同层次、不同领域的合作顺利进行。例如，可以通过制定国家层面的产教融合法律法规，明确产教融合的基本框架和总体要求，同时在地方层面制定具体的实施细则，结合地方实际情况，细化和完善产教融合的具体操作流程和实施办法，确保法律的落地和执行。

（三）通过加强法律监督和执法力度，提高产教融合的法治化水平

法律的生命在于实施，只有通过有效的法律监督和执法，才能确保法律的权威和效力。通过建立健全的法律监督和执法机制，可以提高产教融合的法治化水平，确保各主体在法律框架内规范运作。例如，可以通过设立专门的产教融合监督机构，负责监督和检查产教融合法律法规的实施情况，及时发现和纠正违法行为。同时，还可以通过加强司法机关对产教融合案件的审判和执行力度，确保法律的公平公正和权威性，提高产教融合的法治化水平。

（四）通过建立健全的法律责任机制，推动产教融合的高质量发展

法律责任机制是法律的重要组成部分，通过建立健全的法律责任机制，

可以明确各主体在产教融合中的法律责任，确保法律的有效实施。例如，可以通过规定产教融合相关法律责任，如合同违约责任、侵权责任、行政责任等，明确各主体在合作过程中的责任和义务，防止因法律责任不明确导致的纠纷和争议。同时，还可以通过建立法律责任追究机制，对违反法律规定的行为进行追究和处罚，确保法律的权威和效力，推动产教融合的高质量发展。

（五）通过加强法律宣传和教育，提高各主体的法律意识和法治素养

法律的实施离不开法律意识的培养和法治素养的提高。通过加强法律宣传和教育，可以提高各主体的法律意识和法治素养，促进产教融合的顺利推进。例如，可以通过开展法律培训和普法宣传活动，提高学校和企业等主体对产教融合法律法规的认识和理解，增强其依法办事的意识。同时，还可以通过加强法治教育，将法治教育纳入学校的课程体系，提高学生的法治素养，为产教融合的法治化发展奠定基础。

（六）通过借鉴国际经验，推动产教融合法律制度的不断完善

国际上，许多国家在产教融合方面积累了丰富的经验和做法，通过借鉴和学习这些经验，可以推动我国产教融合法律制度的不断完善。例如，可以借鉴德国的"双元制"职业教育模式，制定相关法律法规，推动企业深度参与职业教育，提高职业教育的质量和效益。同时，还可以借鉴美国的高等教育与产业合作模式，制定相关法律法规，促进高等教育与产业的深度融合，培养更多符合市场需求的高素质应用型人才。

产教融合法规支持系统的建立是推动产教融合顺利实施和高质量发展的关键动因。通过制定和实施科学合理的产教融合法律法规，可以为产教融合提供法律基础，建立多层次的法律保障机制，加强法律监督和执法力度，建立健全的法律责任机制，加强法律宣传和教育，提高各主体的法律意识和法治素养，借鉴国际经验，推动产教融合法律制度的不断完善。

三、产教融合财税支持系统建立

我国产教融合发展的主要障碍是缺乏财税的支持。为了促进产教融合的顺利开展，我国各级政府除了设立专项资金之外，还应颁布税收减免政策，设立产教融合贷款及创新资金，建立风险投资机制等，从而促进产教融合的长久发展。目前，产教融合发展较好的国家通常选择减少直接拨款比例，增加财税、金融方面的间接资金来支持产教融合。其经济优惠政策包含税收减免政策和资金优惠政策。资金优惠政策的主要途径是建立风险投资基金、设立专项贷款制度、实行资金保障和发行股票、债券筹资等。税收减免政策主要包括减免新产品税和科学技术投资等。除此之外，加速生产资料折旧也是许多国家制造业通常采用的刺激企业投资创新发展的办法，其实质是提供无息贷款给企业，即利用减税的方式来回收成本，同时将节省的资金用于新的投资项目。国外有些国家做出相关规定，企业要每年拿出一部分资金，然后再由政府统一发放。德国基本法明确规定将从国内生产总值中拿出一部分，来保障产教融合资金的周转。澳大利亚政府参与融合，对接受学徒的公司提供资金援助，扩大了资金支持渠道，使企业生产和教育更好地融合。不仅国家将大力为企业筹措资金，企业也积极地提供资助。多渠道的资金来源使发达国家产教融合经费来源的保障能力增强。韩国的科技技术创新体系由政府、企业、学校、科研机构组成。韩国政府制定了大量的财政补贴和税收优惠政策，加快技术创新，并为了促进技术发展，逐渐扩大科研技术渠道。比如，允许将企业利润的 20% 作为研发投资，并且保证在前两年，可以将此资金作为损失处理。为提高资源利用的效率和科学技术的研究和开发率，改革政府的科学研究体系，把研究所从政府部门分离开来。为了加速工业技术创新的步伐，研究所逐步私有化，政府支持的项目资金逐渐减少。政府鼓励一些实力较强的企业建立自己的研究机构，对应交税款可以给予适当减免。

（一）建立多渠道经费保障机制

为了促进普通本科院校生产、教学一体化，我国各级政府、大学、企业应当建立产教融合教育专项资金，促进有效的整合发展。首先，明确各级政府的责任和投资的比例，逐渐从设立的产教融合专项资金中支出。其次，建立一个稳定的金融投资增长机制，根据职业院校教学的实际需要增加财政投资比例，以确定发展目标与职业院校及其财政支出的一致性。各级政府在中国也可以建立产教融合政府教育奖励基金，鼓励多层次合作，奖励在企业、教育和个人中有突出表现的。目前，中国浙江、重庆等地方，由政府建立产教融合教育专项资金，支持和奖励实施产教融合较好的优秀用人单位和学校，保障了参与者的利益，并取得了令人瞩目的成绩。设立产教融合专项资金，是当今许多发达国家支持学校、企业互相合作的重要途径。如美国、英国、德国、澳大利亚等其他发达国家都把设立产教融合的专项资金作为长久发展的标志，并把其相关规定写到法律和法规中。在有限的政府开支条件下，我们的大学应积极倡导设立专项资金来支持产教融合的开展，用于建设人才培养基地，支持学校和企业共同研发课程，支持教师参与产教融合实践的项目。

学校对资金进行筹备有以下几种途径。

第一，大学和地方政府之间开展合作项目，建立产教融合的生产和教育创新基金，参与项目生产和教育的学校教师和学生提供援助，包括实践基地基础设施支出、课题经费等；大学可以签合同，对象是企业和政府部门，从而获得横向课题研究经费。

第二，大学还可以吸收社会力量，获得各种私人、企业、团体的捐赠，如校友基金会，促进政府和社会力量的结合，形成一个强大的教育保护机制。资金是一个企业生产得以正常运行的关键因素。中国政府应鼓励企业建立产教融合专项资金，进而促进产教融合深层次的发展。

企业设立特别基金主要有以下几种方式。

一是对与企业合作的学校提供励志奖学金、产教融合专项基金；二是对到企业有过实践培训的教师学生，提供相应的薪酬；三是企业要按规定时间交付一定的资金，该资金用于企业培训，由政府统一发放。根据专业培训的时间、地区和规模的差异，一个企业可以取得相应的资金也是有所区别。良好的环境，是鼓励、引导企业大量投资、产教融合可持续发展的重要条件。国家有关部门应该成立一个产教融合专项贷款，专注于培养具有社会主义市场经济产业化发展前景的创新集成的项目。对那些周期较长、资金需求较大、企业扶持困难的高科技项目，提供必要的配套资金，还要建立相应的审查和监管机制。产教融合创新资金是用来促进重点扶持初创业阶段的中小企业与学校进行合作的。对于创业初期的中小企业来说，融资是非常困难的，创新资金的设立是被广泛需要的。产教融合创新资金是企业能够前进的动力，奠定了与学校合作的基础。中小企业专项资金主要采取财政拨款的方法，50%～60% 是由中央财政支持的项目，其余部分由地方政府和企业提供。另一个重点是专项资金支持大型企业与学校开展合作。这主要针对大型企业虽然有一定的创新资源和能力，但往往缺乏合作创新的动力来支撑。大型企业的专项资金，可以通过免费或补贴贷款，加快学校与企业更高层次的合作。风险投资对互联网科技产业的发展具有十分重要的意义。风险投资主要依靠政府的财政支持对一些中小企业进行项目上的支持。我国政府对风险投资还缺乏一定的认识，支持产教融合风险投资方式几乎没有涉猎，所以，我国应大力开展风险投资的业务，避免给参与主体造成不必要的损失。各级财政应每年拨出一部分专项资金作为产教融合科技风险基金和贴息资金，来保障企业的发展，风险储备基金允许从风险投资机构的投资总额中提取、使用。

（二）构建全方位财税政策支持体系

产教融合的迅速发展，使财税政策支持体系的建立迫在眉睫。体系的内容具体如下。

第一，积极引导企业主动参与产教融合，政府需要建立一个全方位的财税政策支持体系。鼓励行业组织、企业建立学校的培训，参与企业实施减免土地税，本科院校办学经费税收也可减免，还可以进行部分救济，政府对参与产教融合发展的大、中、小企业都给予一定的财政补贴和支持。通过扩大的土地面积，企业享受税收优惠政策，学生在实习过程中因报酬出现的生产成本，享受职业教育税费抵扣待遇。

第二，学校教育基金应按职工收入的 1.5% ~ 2.5% 提取，在政府的统一管理和分配后，纳入产教融合专项基金中，剩下的资金直接退款到学校。

第三，政府应该对企业税收政策进行顶层设计、宏观管理，弥补企业参与生产和教育的支出成本。

政府需要在企业的增值税、所得税和教育的附加费以及营业税等方面上给企业一定的税收优惠政策，把企业的积极性调动起来，让更多企业参与到产教融合中，培养出更多拥有高素质的技能人才。许多发达国家通过税收优惠，来促进政府和中小企业、学校建立合作关系，使企业、学校之间产生相互依赖和信任。

企业可以通过安排学生到企业参加实践、培养学生的实际操作能力，来得到教育税收减免，当然这是在企业与学校签订计划的前提下。许多发达国家均制定了相似的税收调剂政策，即规定各个企业使用应缴增值税额的 0.5% ~ 2% 来帮助学校培养学生的实践动手能力，这是企业为国家、社会培养人才的责任和义务。假设企业不能履行这个责任，其应缴增值税额的 0.5% ~ 2% 不但需要补缴上去，而且还要接受一定的处罚。德国政府为了调动积极的企业参与到产教融合中，也给予公司一定的税收优惠政策。企业在培训学生时，必然产生基本的生产成本，对于这部分的教育费用和成本费用，税收全部减免。与此同时，加拿大政府也通过退税政策鼓励用人单位与学校密切合作，以确保顺利进行。我国应尽快建立一个全方位的财税政策支持体系，鼓励企业与学校深层次的合作，减少产教融合各方的直接成本支出，为产教融合的顺利达成和正常运行提供基本的保障。

四、产教融合综合评价支持系统建立

建立完善的产教融合 360 评估系统是双方深度合作的要求，产教融合 360 评估系统主要对产教融合的合作项目、形式、合作效果等进行评价。在产教融合过程中，学校经常出现争夺政府资助或优惠政策项目的情况，浪费国家资源。为此，政府必须建立一套科学、标准化的支持职业院校产教融合项目管理体系，制定科学的生产合作体系，制定评价标准，使评价工作具有科学性、制度性、规范性、标准性，并逐步完善产教融合合作项目、工程监理、开支审查、过程监督和验收审查，并且一定要积极严格地执行。

（一）产教融合 360 评估系统的设计原则

产教融合作为现代教育改革的重要方向，其目标在于通过教育与产业的深度合作，培养出符合社会和市场需求的高素质应用型人才。然而，在实际推进产教融合过程中，常常面临诸多挑战和障碍，如资源配置不合理、合作机制不健全、利益分配不均衡等问题。为了有效解决这些问题，建立完善的产教融合综合评价支持系统显得尤为重要。而在这一过程中，设计科学合理的产教融合 360 评估系统是关键动因之一。通过设计全面、客观、科学的 360 评估系统，可以为产教融合提供准确的评估依据，确保产教融合的顺利推进和高效实施。

1. 全面性原则

产教融合涉及教育部门、企业、政府等多个主体，涉及人才培养、技术研发、项目合作等多个方面，其效果的评估需要全面、系统的方法。评估系统应覆盖产教融合的各个层面和环节，包括但不限于人才培养质量、学生就业情况、企业参与度、合作项目成果、资源配置效率、政策支持力度等多个方面。通过全面的评估，可以准确了解和掌握产教融合的实际效果，为各主体的决策提供全面的评估依据。

2.客观性原则

评估的客观性是确保评估结果真实、可靠的重要前提。评估系统应以客观数据为基础，通过科学合理的评估指标和方法，对产教融合的各个方面进行量化评估。例如，可以通过学生就业率、企业满意度、项目完成率等客观数据，评估产教融合的实际效果。同时，评估系统还应避免主观因素的干扰，通过建立科学的评估流程和标准，确保评估结果的客观性和公正性。

3.科学性原则

科学性是评估系统有效性和权威性的保证。评估系统应基于科学的理论和方法，通过合理的评估模型和指标体系，对产教融合的效果进行科学评估。例如，可以采用平衡计分卡、模糊综合评判等现代评估方法，建立科学的评估模型，确保评估结果的准确性和可靠性。同时，评估系统还应根据产教融合的实际情况，不断调整和优化评估模型和指标体系，确保评估的科学性和适用性。

4.动态性原则

产教融合是一个动态发展的过程，其效果的评估也需要动态的方法。评估系统应能够及时反映产教融合的最新情况和变化，通过定期评估和动态调整，确保评估结果的时效性和准确性。例如，可以通过年度评估、季度评估等形式，及时了解和掌握产教融合的最新进展和效果，为各主体的决策提供及时的评估依据。同时，评估系统还应建立动态的数据监测和分析机制，通过实时数据采集和分析，及时发现和解决问题，确保产教融合的持续改进和提升。

5.多元性原则

产教融合涉及多个主体和多个方面，其效果的评估需要多元化的评估视角和方法。评估系统应综合考虑各主体的不同需求和关注点，通过多元化的评估指标和方法，全面评估产教融合的效果。例如，可以通过问卷调查、访谈、数据分析等多种方法，获取各主体的反馈和意见，综合评估产教融合的实际效果。同时，评估系统还应结合定量评估和定性评估的方法，通过数据分析和案例分析，全面了解和掌握产教融合的成效和问题。

6.透明性原则

透明性是确保评估结果公正和权威的重要保证。评估系统应建立公开透明的评估流程和标准，通过公开的评估结果发布机制，提高评估工作的透明度和公信力。例如，可以通过设立评估结果发布平台，及时公布评估结果和分析报告，接受社会各界的监督和评价。同时，评估系统还应建立完善的反馈机制，及时听取各主体的意见和建议，不断改进和完善评估工作，提高评估结果的公正性和权威性。

（二）产教融合360评估系统的构建

产教融合作为现代教育改革的重要方向，其目标在于通过教育与产业的深度合作，培养出符合社会和市场需求的高素质应用型人才。然而，在实际推进产教融合过程中，常常面临诸多挑战和障碍，如资源配置不合理、合作机制不健全、利益分配不均衡等问题。为了有效解决这些问题，建立完善的产教融合综合评价支持系统显得尤为重要。而在这一过程中，构建科学合理的产教融合360评估系统是关键动因之一。通过全面、客观、科学的360评估系统，可以为产教融合提供准确的评估依据，确保产教融合的顺利推进和高效实施。

1.以全面性为原则

产教融合涉及教育部门、企业、政府等多个主体，涉及人才培养、技术研发、项目合作等多个方面，其效果的评估需要全面、系统的方法。评估系统应覆盖产教融合的各个层面和环节，包括但不限于人才培养质量、学生就业情况、企业参与度、合作项目成果、资源配置效率、政策支持力度等多个方面。通过全面的评估，可以准确了解和掌握产教融合的实际效果，为各主体的决策提供全面的评估依据。

2. 以客观性为基础

评估的客观性是确保评估结果真实、可靠的重要前提。评估系统应以客观数据为基础，通过科学合理的评估指标和方法，对产教融合的各个方面进行量化评估。例如，可以通过学生就业率、企业满意度、项目完成率等客观数据，评估产教融合的实际效果。同时，评估系统还应避免主观因素的干扰，通过建立科学的评估流程和标准，确保评估结果的客观性和公正性。

3. 以科学性为保障

科学性是评估系统有效性和权威性的保证。评估系统应基于科学的理论和方法，通过合理的评估模型和指标体系，对产教融合的效果进行科学评估。例如，可以采用平衡计分卡、模糊综合评判等现代评估方法，建立科学的评估模型，确保评估结果的准确性和可靠性。同时，评估系统还应根据产教融合的实际情况，不断调整和优化评估模型和指标体系，确保评估的科学性和适用性。

4. 以动态性为导向

产教融合是一个动态发展的过程，其效果的评估也需要动态的方法。评估系统应能够及时反映产教融合的最新情况和变化，通过定期评估和动态调整，确保评估结果的时效性和准确性。例如，可以通过年度评估、季度评估等形式，及时了解和掌握产教融合的最新进展和效果，为各主体的决策提供及时的评估依据。同时，评估系统还应建立动态的数据监测和分析机制，通过实时数据采集和分析，及时发现和解决问题，确保产教融合的持续改进和提升。

5. 以多元性为目标

产教融合涉及多个主体和多个方面，其效果的评估需要多元化的评估视角和方法。评估系统应综合考虑各主体的不同需求和关注点，通过多元化的评估指标和方法，全面评估产教融合的效果。例如，可以通过问卷调查、访谈、数据分析等多种方法，获取各主体的反馈和意见，综合评估产教融合的实际效果。同时，评估系统还应结合定量评估和定性评估的方法，通过数据分析和案例分析，全面了解和掌握产教融合的成效和问题。

6. 以透明性为保障

透明性是确保评估结果公正和权威的重要保证。评估系统应建立公开透明的评估流程和标准，通过公开的评估结果发布机制，提高评估工作的透明度和公信力。例如，可以通过设立评估结果发布平台，及时公布评估结果和分析报告，接受社会各界的监督和评价。同时，评估系统还应建立完善的反馈机制，及时听取各主体的意见和建议，不断改进和完善评估工作，提高评估结果的公正性和权威性。

7. 以实用性为导向

评估系统不仅要科学合理，还要具有实际的应用价值。评估结果应能够为各主体的决策提供有价值的参考，为产教融合的改进和提升提供具体的指导。例如，评估系统应能够识别产教融合中的关键问题和薄弱环节，提出改进建议和措施，帮助各主体不断优化产教融合的工作，提高产教融合的质量和效果。

构建产教融合360评估系统的原则是确保评估的全面性、客观性、科学性、动态性、多元性、透明性和实用性。通过遵循这些构建原则，可以建立一个科学合理、全面客观的评估系统，为产教融合提供准确的评估依据，确保产教融合的顺利推进和高效实施。在这一过程中，各级政府、教育部门、企业和社会各界应当共同努力，积极推动产教融合360评估系统的设计和实施，为产教融合的深入推进提供科学的评估支持，培养出更多符合社会和市场需求的高素质应用型人才，促进社会经济的可持续发展。

第四章

产教融合理念下校企合作人才培养创新实践

第一节　政府层面

一、把握校企发展动向

（一）加强对校企合作的政策引导和规划

作为教育和经济发展的重要推动者，政府应充分认识到校企合作的重要性，将其纳入国家和地方的发展规划中，制定系统的政策框架和发展战略。

（二）积极搭建校企合作的平台和桥梁，促进各主体的深度合作

校企合作需要多方参与、多层次的合作，只有通过有效的沟通和协调，才能确保各主体在不同层次、不同领域的合作顺利进行。政府可以通过设立校企合作协调委员会或工作组等组织机构，协调学校、企业和政府等各方的合作关系，促进资源共享和优势互补。例如，可以设立校企合作平台，定期召开交流会、研讨会等活动，为学校和企业提供沟通和交流的机会，推动双方在合作中不断深化和拓展。同时，政府还可以通过建立信息共享平台，促进各主体之间的信息互通和资源共享，提高校企合作的整体效能。

（三）加强对校企合作的监督和评估，确保合作的质量和效果

监督和评估是确保校企合作顺利推进和高效实施的重要手段。政府应通过建立健全的监督和评估机制，对校企合作的实施情况进行全面监督和评估。例如，可以通过设立专门的评估委员会，制定科学合理的评估指标和方

法，对校企合作项目的实施效果进行定期评估，及时发现和解决问题，确保校企合作的质量和效果。同时，政府还应通过监督机制，确保各主体在校企合作过程中的规范运作，防止资源浪费和利益分配不公，推动校企合作的健康发展。

（四）通过多种手段激励企业积极参与校企合作

企业作为校企合作的重要主体，其参与度和支持力度直接关系到校企合作的成效。为了激励企业积极参与校企合作，政府可以通过税收优惠政策、财政补贴等手段，降低企业参与校企合作的成本。例如，可以对参与校企合作的企业给予税收减免，鼓励企业为学校提供实习基地、设备设施、技术支持等资源。同时，还可以通过设立企业捐赠奖励机制，鼓励企业通过捐赠、资助等方式，为校企合作提供资金支持，形成多元化的资金筹集渠道。

（五）加强校企合作人才队伍建设，提高合作的专业化水平

人才是校企合作的关键，只有具备高素质的专业人才队伍，才能确保校企合作的顺利实施和高效运作。政府应通过制定和实施系统的培训计划，定期对相关人员进行专业培训，提高他们的专业素养和管理能力。例如，可以通过设立校企合作专项培训项目，邀请行业专家和学术权威进行授课，提高参与人员的专业水平和实践能力。同时，政府还可以通过建立专家库，邀请行业内外的专家担任顾问，为校企合作提供专业指导和咨询，确保各项工作的科学性和有效性。

（六）通过多种方式宣传和推广校企合作的成功经验和典型案例，营造良好的社会氛围

宣传和推广是推动校企合作的重要手段，通过宣传和推广校企合作的成功经验和典型案例，可以提高社会各界对校企合作的认识和理解，增强其参

与校企合作的积极性。例如，可以通过媒体宣传、政策解读等方式，扩大校企合作的影响力和知晓度，确保政策的有效实施。同时，还可以通过举办校企合作展览会、交流会等活动，展示校企合作的成果和经验，促进各主体的学习和交流，提高校企合作的整体水平。

在产教融合理念下，政府层面需要积极把握校企发展的动向，通过加强政策引导和规划、搭建合作平台、加强监督和评估、激励企业参与、加强人才队伍建设、宣传推广成功经验等多种措施，推动校企合作的创新实践，确保校企合作的顺利推进和高效实施。在这一过程中，各级政府、教育部门、企业和社会各界应当共同努力，积极推动校企合作制度保障体系的建立和完善，为产教融合的深入推进提供坚实的组织保障和制度支持，培养出更多符合社会和市场需求的高素质应用型人才，促进社会经济的可持续发展。

二、出台相关法律法规

政府层面需要积极出台相关法律法规，为产教融合提供全方位的支持和保障。政府应出台明确的法律法规，为校企合作提供制度保障。校企合作涉及教育部门、企业、政府等多个主体，关系复杂，利益多元。通过制定和实施一系列法律法规，可以明确各主体在校企合作过程中的权利和义务，为校企合作提供坚实的法律基础。

在产教融合理念下，政府层面需要通过出台相关法律法规，提供全方位的支持和保障，以推动校企合作的人才培养创新实践。通过加强政策引导和规划、搭建合作平台、加强监督和评估、激励企业参与、加强人才队伍建设、宣传推广成功经验等多种措施，确保校企合作的顺利推进和高效实施。在这一过程中，各级政府、教育部门、企业和社会各界应当共同努力，积极推动校企合作制度保障体系的建立和完善，为产教融合的深入推进提供坚实的组织保障和制度支持，培养出更多符合社会和市场需求的高素质应用型人才，促进社会经济的可持续发展。

三、构建积极社会环境

校企合作作为产教融合的重要形式，发挥着至关重要的作用。政府层面需要积极构建有利于校企合作的人才培养的社会环境，提供全方位的支持和保障。使校企合作合法性、规范性，在项目实训中，校企双方认真履行好职责，坚持正确政治方向、正确舆论导向和正确工作导向，牢记工作职责使命，继承和发扬工作优良传统，自觉遵守国家法律法规，恪守职业道德，自觉承担社会责任。同时，结合项目实训内容，引导学生树立适应社会需求的价值取向，提升学生专业实践能力，培养学生成长为综合能力突出并富有道德责任感的时代青年。

（一）通过政策引导和宣传，营造支持校企合作的社会氛围

政府可以通过出台一系列政策文件，明确校企合作的重要性和发展方向，鼓励各类企业和教育机构积极参与校企合作。同时，政府应利用各种媒体渠道，加强对校企合作典型案例和成功经验的宣传，提高社会各界对校企合作的认识和理解。例如，可以通过报纸、电视、网络等媒体平台，报道校企合作的典型案例，展示其在促进人才培养、技术创新和产业发展中的积极作用，营造全社会支持和参与校企合作的良好氛围。

（二）加强校企合作的法律保障，提供稳定的制度环境

政府可以通过制定和完善相关法律法规，明确各主体在校企合作中的权利和义务，为校企合作提供法律保障。例如，可以通过制定《校企合作促进法》或相关政策文件，明确校企合作的基本原则、主要目标和实施路径，规定政府、学校、企业等各主体在校企合作中的职责和权利，确保各方在法律

框架内规范运作，减少因法律不健全导致的纠纷和争议。同时，政府还应制定具体的实施细则，结合地方实际情况，细化和完善校企合作的具体操作流程和实施办法，确保法律的落地和执行。

（三）通过多种激励措施，促进企业积极参与校企合作

企业作为校企合作的重要主体，其参与度和支持力度直接关系到校企合作的成效。为了激励企业积极参与校企合作，政府可以通过税收优惠政策、财政补贴等手段，降低企业参与校企合作的成本。例如，可以对参与校企合作的企业给予税收减免，鼓励企业为学校提供实习基地、设备设施、技术支持等资源。同时，还可以通过设立企业捐赠奖励机制，鼓励企业通过捐赠、资助等方式，为校企合作提供资金支持，形成多元化的资金筹集渠道。

（四）加强校企合作的信息平台建设，促进各主体之间的信息互通和资源共享

校企合作需要多方参与、多层次的合作，只有通过有效的信息交流，才能确保各主体在不同层次、不同领域的合作顺利进行。政府可以通过建立校企合作信息平台，为学校和企业提供沟通和交流的渠道，促进资源共享和优势互补。例如，可以设立校企合作信息发布平台，及时发布校企合作的最新动态和政策信息，为各主体提供及时、准确的信息支持，推动校企合作的深入开展。

（五）通过专业培训和人才培养，提升校企合作的专业化水平

人才是校企合作的关键，只有具备高素质的专业人才队伍，才能确保校企合作的顺利实施和高效运作。政府应通过制定和实施系统的培训计划，定期对相关人员进行专业培训，提高他们的专业素养和管理能力。例如，可以通过设立校企合作专项培训项目，邀请行业专家和学术权威进行授课，提高

参与人员的专业水平和实践能力。同时，政府还可以通过建立专家库，邀请行业内外的专家担任顾问，为校企合作提供专业指导和咨询，确保各项工作的科学性和有效性。

（六）通过制定和实施有效的评估机制，确保校企合作的质量和效果

评估机制是确保校企合作顺利推进和高效实施的重要手段。政府应通过建立健全的评估机制，对校企合作的实施情况进行全面评估。例如，可以通过设立专门的评估委员会，制定科学合理的评估指标和方法，对校企合作项目的实施效果进行定期评估，及时发现和解决问题，确保校企合作的质量和效果。同时，政府还应通过评估机制，确保各主体在校企合作过程中的规范运作，防止资源浪费和利益分配不公，推动校企合作的健康发展。

在产教融合理念下，政府层面需要积极构建有利于校企合作的人才培养的社会环境，通过政策引导和宣传、法律保障、多种激励措施、信息平台建设、专业培训和人才培养、有效的评估机制等多种措施，推动校企合作的创新实践，确保校企合作的顺利推进和高效实施。在这一过程中，各级政府、教育部门、企业和社会各界应当共同努力，积极推动校企合作制度保障体系的建立和完善，为产教融合的深入推进提供坚实的组织保障和制度支持，培养出更多符合社会和市场需求的高素质应用型人才，促进社会经济的可持续发展。

四、完善市场监管体系

完善市场监管体系是现代市场经济发展中的重要任务，其核心在于通过制度建设、法律法规的完善以及监管机制的优化，确保市场的公平、公正和透明，保护消费者权益，促进经济的健康、持续发展。然而，当前市场监管中仍存在诸多挑战和问题，如监管制度不健全、执法力度不够、监管手段

落后等。为了解决这些问题，建立一个科学、完善的市场监管体系显得尤为重要。

（一）应加强市场监管的法律法规建设

完善的法律法规是市场监管的基石。政府应根据市场发展的实际需求，制定和完善相关的法律法规，为市场监管提供坚实的法律依据。例如，可以通过制定《市场监管法》或相关条例，明确市场监管的基本原则、主要目标和实施路径，规定政府、企业、消费者等各主体在市场监管中的权利和义务，确保各方在法律框架内规范运作，减少因法律不健全导致的纠纷和争议。同时，政府还应制定具体的实施细则，结合地方实际情况，细化和完善市场监管的具体操作流程和实施办法，确保法律的落地和执行。

（二）应优化市场监管机构和职能配置

市场监管需要多方参与、多层次的协同合作，只有通过科学合理的机构设置和职能配置，才能确保各主体在不同层次、不同领域的监管顺利进行。政府应通过改革和优化现有的市场监管机构，明确各部门的职责分工，建立健全协同监管机制。例如，可以设立市场监管委员会，统筹协调各部门的监管工作，避免重复监管和监管盲区。同时，还可以通过设立市场监管联席会议制度，定期召开联席会议，研究和解决市场监管过程中出现的问题，推动各项工作的顺利开展。

（三）应加大市场监管的执法力度

执法是市场监管的重要手段，只有通过严格的执法，才能确保法律法规的权威和效力。政府应加大对市场违法行为的打击力度，严格查处各类违法违规行为，维护市场秩序。例如，可以通过设立专门的市场监管执法队伍，负责市场监管的日常执法工作，确保执法的及时性和有效性。同时，政府还应加强对市场监管执法人员的培训，提高他们的法律素养和执法能力，确保执法工作的规范化和专业化。

（四）应提升市场监管的科技化水平

随着科技的不断进步，市场监管也需要与时俱进，充分利用现代科技手段，提高监管的效率和水平。例如，可以通过建立市场监管信息化平台，利用大数据、云计算、人工智能等技术手段，进行市场监测和数据分析，实现对市场动态的实时监控和预警。同时，还可以通过建立电子化的市场监管档案系统，对市场监管的全过程进行记录和跟踪，提高监管的透明度和可追溯性。

（五）应加强市场监管的社会参与

市场监管不仅是政府的职责，还需要社会各界的广泛参与和支持。政府应通过多种途径，鼓励和引导企业、消费者、社会组织等积极参与市场监管，共同维护市场秩序。例如，可以通过设立市场监管投诉举报平台，方便消费者和社会公众进行投诉和举报，及时发现和解决市场中的问题。同时，政府还应加强对市场监管的宣传和教育，提高社会各界的市场监管意识和法治观念，形成全社会共同参与市场监管的良好氛围。

（六）应完善市场监管的评价和反馈机制

评价和反馈是市场监管的重要环节，只有通过科学合理的评价和及时有效的反馈，才能不断改进和提升市场监管的质量和水平。政府应建立健全市场监管的评价体系，制定科学的评价指标和方法，对市场监管的效果进行定期评估，及时发现和解决问题。例如，可以通过设立市场监管评价委员会，邀请专家学者、企业代表、消费者代表等参与评价工作，确保评价的科学性和公正性。同时，政府还应建立市场监管的反馈机制，及时听取社会各界的意见和建议，不断改进和完善市场监管的各项工作，提高监管的针对性和有效性。

完善市场监管体系是保障市场公平竞争、保护消费者权益、促进经济健康发展的重要举措。通过加强法律法规建设、优化机构和职能配置、加大执法力度、提升科技化水平、加强社会参与、完善评价和反馈机制等多种措施，可以建立一个科学、完善的市场监管体系，确保市场的公平、公正和透明，推动经济的可持续发展。在这一过程中，各级政府、企业、消费者和社会各界应当共同努力，积极推动市场监管体系的建立和完善，为建设一个健康、有序、高效的市场环境作出贡献。

第二节　企业层面

一、激发合作内生动力

产教融合作为现代教育改革的重要方向，其核心在于通过教育与产业的深度合作，培养出符合社会和市场需求的高素质应用型人才。在这一过程中，校企合作作为产教融合的重要形式，发挥着至关重要的作用。企业作为校企合作的关键主体，其内生动力的激发直接影响到合作的深度和广度。然而，在实际推进校企合作的过程中，企业常常面临诸多挑战和障碍，如合作机制不健全、利益分配不均衡、资源投入不足等问题。为了有效解决这些问题，实现校企合作的人才培养创新实践，企业层面需要激发合作的内生动力，提供全方位的支持和保障。

（一）树立长远发展的战略眼光

企业通过与高校合作，可以获得源源不断的高素质人才供给，这些人才不仅具备扎实的理论基础，还具有丰富的实践经验，能够迅速适应企业的岗位需求，推动企业技术创新和产业升级。因此，企业应从战略高度重视校企合作，将其纳入企业发展规划，制定长期合作战略，明确合作目标和路径，确保合作的持续性和稳定性。

（二）加大对校企合作的资源投入

资源投入是校企合作顺利推进的重要保障。企业应在资金、设备、场地、人力等方面加大投入，确保合作项目的顺利实施。例如，可以通过设立专项基金，支持高校的科研项目和实验室建设；可以提供先进的设备和技术支持，帮助高校提升教学和科研水平；可以开放企业的生产线和实验室，供高校师生进行实习和科研。此外，企业还应选派有经验的工程师和技术人员参与高校的教学和科研活动，提供专业指导和技术支持，帮助高校提升实践教学质量。

（三）积极参与高校的课程设计和教学改革

企业作为用人主体，最了解市场和行业的需求。通过参与高校的课程设计和教学改革，可以确保人才培养的针对性和实用性。例如，企业可以与高校共同开发课程，根据行业发展和企业需求，设置专业课程和实践环节；可以邀请企业专家和技术骨干担任兼职教授，参与课程教学和指导学生实习；可以通过项目合作和技术研发，将企业的最新技术和科研成果引入课堂，提升学生的专业水平和创新能力。通过这些措施，企业可以确保高校的人才培养与市场需求无缝对接，培养出符合企业需求的高素质应用型人才。

（四）建立健全校企合作的激励机制

激励机制是调动企业内部人员参与校企合作积极性的关键。企业应通过建立健全的激励机制，鼓励员工积极参与校企合作。例如，可以设立合作奖励基金，对在校企合作中表现突出的员工给予表彰和奖励；可以将参与校企合作的情况纳入员工的绩效考核，作为晋升和评优的重要依据；可以提供培训和进修机会，提升员工的专业水平和管理能力，增强员工的归属感和成就感。通过这些措施，企业可以激发内部人员参与校企合作的积极性，形成全员参与、共同推进的良好局面。

（五）加强与高校的沟通和协调

沟通和协调是校企合作顺利推进的重要保障。企业应通过多种途径，加强与高校的沟通和协调，建立紧密的合作关系。例如，可以定期召开校企合作联席会议，研究和解决合作过程中出现的问题；可以设立校企合作联络办公室，负责日常沟通和协调工作；可以通过签订合作协议，明确双方的权利和义务，确保合作的规范化和制度化。通过这些措施，企业可以与高校建立紧密的合作关系，推动合作的深入发展。

（六）积极探索和应用现代信息技术

现代信息技术的发展为校企合作提供了新的可能。企业应积极探索和应用现代信息技术，提升校企合作的效率和水平。例如，可以通过建设校企合作信息平台，实现信息共享和资源整合；可以通过在线教学平台和虚拟实验室，提供丰富的在线课程和实践资源；可以通过大数据和人工智能技术，进行人才需求分析和培养方案优化。通过这些措施，企业可以提升校企合作的效率和水平，推动合作的创新发展。

在产教融合理念下，企业层面需要通过树立长远发展的战略眼光、加大资源投入、积极参与课程设计和教学改革、建立健全激励机制、加强沟通和协调、探索和应用现代信息技术等多种措施，激发合作的内生动力，推动校企合作的人才培养创新实践，确保校企合作的顺利推进和高效实施。在这一过程中，各级政府、教育部门、企业和高校应当共同努力，积极推动校企合作制度保障体系的建立和完善，为产教融合的深入推进提供坚实的组织保障和制度支持，培养出更多符合社会和市场需求的高素质应用型人才，促进社会经济的可持续发展。

二、科研成果全面共享

产教融合作为现代教育改革的重要方向，其核心在于通过教育与产业的深度合作，培养出符合社会和市场需求的高素质应用型人才。在这一过程中，校企合作作为产教融合的重要形式，发挥着至关重要的作用。然而，校企合作在实际推进中，面临着诸多挑战和障碍，如合作机制不健全、利益分配不均、资源投入不足等问题。为了有效解决这些问题，实现校企合作的人才培养创新实践，企业层面需要全面共享科研成果，提供全方位的支持和保障。

（一）科研成果共享在校企合作中的重要性

科研成果不仅是企业核心竞争力的重要组成部分，也是推动技术进步和产业升级的关键。在产教融合的背景下，企业通过与高校共享科研成果，不仅可以提升高校的科研水平和教学质量，还能加速科研成果的转化和应用，实现校企合作的双赢局面。企业应从战略高度重视科研成果共享，将其作为推动校企合作、提升企业竞争力的重要举措。

（二）建立健全科研成果共享机制

共享机制是科研成果共享的基础保障。企业应通过制定和实施系统的共享机制，明确科研成果的共享范围、共享方式和共享流程。例如，可以通过签订科研成果共享协议，明确双方的权利和义务，确保科研成果共享的规范化和制度化；可以设立科研成果共享平台，实现信息的及时传递和资源的高效利用；可以通过联合研发、共同申请专利等方式，共同享有科研成果的知识产权。通过这些措施，企业可以确保科研成果共享的顺利进行，推动校企合作的深入发展。

（三）加大对科研成果共享的资源投入

资源投入是科研成果共享顺利推进的重要保障。企业应在资金、设备、技术等方面加大投入，确保科研成果共享的实施。例如，可以通过设立专项基金，支持高校的科研项目和实验室建设；可以提供先进的设备和技术支持，帮助高校提升科研水平和创新能力；可以开放企业的实验室和研发中心，供高校师生进行科研和实践。此外，企业还应选派有经验的科研人员参与高校的科研活动，提供专业指导和技术支持，帮助高校提升科研成果的转化效率。

（四）积极参与高校的科研项目和技术研发

企业作为科研成果的重要应用者，最了解市场和行业的需求。通过参与高校的科研项目和技术研发，可以确保科研成果的针对性和实用性。例如，企业可以与高校共同申报科研项目，根据行业发展和企业需求，制定科研计划和研究方向；可以邀请企业专家和技术骨干参与科研项目的设计和实施，提供技术指导和支持；可以通过项目合作和技术研发，将企业的最新技术和科研成果引入高校，提升高校的科研水平和创新能力。通过这些措施，企业可以确保科研成果共享的实效性，推动校企合作的深入发展。

（五）建立健全科研成果共享的激励机制

激励机制是调动企业内部人员参与科研成果共享积极性的关键。企业应通过建立健全的激励机制，鼓励员工积极参与科研成果共享。例如，可以设立科研成果共享奖励基金，对在科研成果共享中表现突出的员工给予表彰和奖励；可以将科研成果共享的情况纳入员工的绩效考核，作为晋升和评优的重要依据；可以提供培训和进修机会，提升员工的科研能力和创新水平，增强员工的归属感和成就感。通过这些措施，企业可以激发内部人员参与科研成果共享的积极性，形成全员参与、共同推进的良好局面。

（六）加强与高校的沟通和协调

沟通和协调是科研成果共享顺利推进的重要保障。企业应通过多种途径，加强与高校的沟通和协调，建立紧密的合作关系。例如，可以定期召开科研成果共享联席会议，研究和解决共享过程中出现的问题；可以设立科研成果共享联络办公室，负责日常沟通和协调工作；可以通过签订合作协议，明确双方的权利和义务，确保共享的规范化和制度化。通过这些措施，企业可以与高校建立紧密的合作关系，推动科研成果共享的深入发展。

在产教融合理念下，企业层面需要通过全面共享科研成果，激发合作的内生动力，推动校企合作的人才培养创新实践。通过建立健全科研成果共享机制、加大资源投入、积极参与科研项目和技术研发、建立健全激励机制、加强沟通和协调等多种措施，确保科研成果共享的顺利推进和高效实施。在这一过程中，各级政府、教育部门、企业和高校应当共同努力，积极推动校企合作制度保障体系的建立和完善，为产教融合的深入推进提供坚实的组织保障和制度支持，培养出更多符合社会和市场需求的高素质应用型人才，促进社会经济的可持续发展。

三、建立健全培训制度

产教融合作为现代教育改革的重要方向，其核心在于通过教育与产业的深度合作，培养出符合社会和市场需求的高素质应用型人才。在这一过程中，校企合作作为产教融合的重要形式，发挥着至关重要的作用。然而，校企合作在实际推进中，面临着诸多挑战和障碍，如合作机制不健全、利益分配不均衡、资源投入不足等问题。为了有效解决这些问题，实现校企合作的人才培养创新实践，企业层面需要建立健全培训制度，提供全方位的支持和保障。

（一）培训制度在校企合作中的重要性

培训制度不仅是提升员工素质和能力的重要途径，也是推动企业技术进步和产业升级的关键之一。在产教融合的背景下，企业通过与高校合作开展培训，不仅可以提升高校的教学水平和学生的实践能力，还能增强企业员工的专业素养和创新能力，实现校企合作的双赢局面。因此，企业应从战略高度重视培训制度的建设，将其作为推动校企合作、提升企业竞争力的重要举措。

（二）建立健全培训制度的顶层设计

顶层设计是培训制度建设的基础保障。企业应通过制定和实施系统的培训制度，明确培训的目标、内容、方式和评估标准。例如，可以通过制定培训发展规划，明确培训的长期目标和阶段性任务；可以设立培训管理机构，负责培训工作的组织和实施；可以制定培训课程体系，根据企业发展和市场需求，设置专业课程和实践环节；可以建立培训评估体系，通过定量和定性相结合的方法，对培训效果进行全面评估。通过这些措施，企业可以确保培训工作的系统性和规范性，推动校企合作的深入发展。

（三）加大对培训工作的资源投入

资源投入是培训工作顺利推进的重要保障。企业应在资金、设备、场地、人力等方面加大投入，确保培训项目的顺利实施。例如，可以通过设立专项培训基金，支持高校和企业的培训项目；可以提供先进的设备和技术支持，帮助高校和企业提升培训水平；可以开放企业的生产线和实验室，供高校师生进行实习和实践。此外，企业还应选派有经验的工程师和技术人员参与高校的培训活动，提供专业指导和技术支持，帮助高校提升实践教学质量。

（四）积极参与高校的课程设计和教学改革

企业作为用人主体，最了解市场和行业的需求。通过参与高校的课程设计和教学改革，可以确保培训内容的针对性和实用性。例如，企业可以与高校共同开发培训课程，根据行业发展和企业需求，设置专业课程和实践环节；可以邀请企业专家和技术骨干担任兼职教授，参与课程教学和指导学生实习；可以通过项目合作和技术研发，将企业的最新技术和科研成果引入课堂，提升学生的专业水平和创新能力。通过这些措施，企业可以确保高校的人才培养与市场需求无缝对接，培养出符合企业需求的高素质应用型人才。

（五）加强与高校的沟通和协调

沟通和协调是培训工作顺利推进的重要保障。企业应通过多种途径，加强与高校的沟通和协调，建立紧密的合作关系。例如，可以定期召开培训联席会议，研究和解决培训过程中出现的问题；可以设立培训联络办公室，负责日常沟通和协调工作；可以通过签订合作协议，明确双方的权利和义务，确保培训工作的规范化和制度化。通过这些措施，企业可以与高校建立紧密的合作关系，推动培训工作的深入发展。

在产教融合理念下，企业层面需要通过建立健全培训制度，推动校企合作的人才培养创新实践。通过顶层设计、加大资源投入、积极参与课程设计和教学改革、建立健全激励机制、加强沟通和协调等多种措施，确保培训工作的顺利推进和高效实施。在这一过程中，各级政府、教育部门、企业和高校应当共同努力，积极推动校企合作制度保障体系的建立和完善，为产教融合的深入推进提供坚实的组织保障和制度支持，培养出更多符合社会和市场需求的高素质应用型人才，促进社会经济的可持续发展。

四、深化校企合作深度

在校企合作人才培养的过程中，企业不是独立的个体，而是合作教学的教学主体，它与高职院校共同构成了实践协同育人的"双主体"，因此深化校企合作深度必然需要企业的大力支持与高度参与。进一步强化合作深度，有效提升学生的实践能力和操作能力，需要企业对此做出努力。相较于高职院校和科研机构，企业是以经济效益为根本目标的经济体。企业具有雄厚的资本积累，具有资助校企合作深化开展的实力。

首先，企业要为高职院校和科研机构提供资金支持，支持教育与科研，这也是对企业未来发展的一种投资。只有让学生群体进行大量实践活动，他们的工作能力才能获得有效锻炼，他们将来进入企业才能够在自身岗位"发光发热"。如果企业吝惜自己的资金，对于高职院校和科研机构丝毫不提供相应的资金支持，那么学生的实践教学与科研活动将受到阻碍，这势必会影响校企合作协同育人的最终成效。

其次，企业要为高职院校和科研机构提供人才支持。虽然高职院校与科研机构中有大量学术性的专业人才和专业教师，他们在相关领域甚至有卓著的科研成果，但是付诸实践未必强于企业中的"师傅"。因此，企业要为之提供专业性、实际性的人才支持，以"师傅"来丰富教学课堂，让学生在学习理论知识的同时，还能够大幅提升实践能力，为将来真正进入工作岗位打下坚实的实践基础。

再次，企业要为学生打造配套完善的实训基地。在校企合作事业中，实训基地是必不可少的场所。根据合作具体形式的不同，实训基地可建于校内，亦可建于企业，但无论场所具体位置在哪，只要方便学生进行实训，便能够取得应有的效果。在实训基地的构建过程中，要大量使用先进的硬件设施，给学生提供真实的实践环境，让他们在实践中探索，在实践中收获。

最后，企业还要为高职院校的师资队伍提供有力支持。学校与企业共同构成校企合作协同育人的"双元主体"。学校与企业的不同教育形式具有不同的优势，企业应巧妙利用自身优势，帮助高职院校教师获得教学能力方面的提升，从而间接推动校企合作高质量发展。例如，企业可以开展"教师进企"活动。虽然教师具有专业的理论知识素养，但是他们的专业实践能力却很可能弱于企业中的"师傅"，对他们进行实践强化，有助于今后优化实践教学。又如，企业还可以定期安排专业员工为教师进行集体授课，为他们演示当前业内先进设备的使用方法，让他们与时代接轨，使知识不再停留于书本，这样一来，高职教师也能在今后的教学中为学生群体进行更多实践演示，从而加深学生对于行业的认知与了解。

第三节　学校层面

一、科学构建教学体系

校企合作人才培养的重要方面在于教学体系的构建。相较于常规高职教学而言，校企合作的教育模式具有更加丰富的课程内容、更灵活的教学形式，当然也需要更高质量的教学团队，这对于高职学生的全面发展具有重要意义，对产业发展趋势和市场需求，立足学校深化办学体制改革和育人机制改革，为文化产业转型升级、区域经济社会发展提供高水平技术技能型人才。

学校教育在我国已从扩大规模发展到内涵建设阶段，而课程建设与改革是其中核心和关键的问题。目前大多数高职院校都采取了工学结合、校企合作课程开发的方式。校企合作的课程构建是产学研合作模式的关键所在。

（一）要优化完善教学团队

优化完善教学团队是提升教育质量和效果的重要举措，也是企业和高校在产教融合过程中必须重视的关键环节。高质量的教学团队不仅直接影响学生的学习效果和职业素养，还关系到企业和高校未来的人才储备和竞争力。以下从多个角度阐述如何优化完善教学团队，为推动校企合作和人才培养创新实践提供保障。

1.企业和高校应共同制定详细的教学团队发展规划

顶层设计是优化和完善教学团队的基础保障。企业和高校应通过共同制定和实施系统的教学团队建设机制，明确团队的目标、职责和评估标准。例如，可以通过制定教学团队发展规划，明确团队建设的长期目标和阶段性任务；设立教学团队管理机构，负责教学团队建设的组织和实施；建立教学团队评估体系，通过定量和定性相结合的方法，对教学团队的工作进行全面评估。通过这些措施，可以确保教学团队建设的系统性和规范性，推动校企合作的深入发展。

2.应加大对教学团队建设的资源投入

资源投入是教学团队建设顺利推进的重要保障。企业和高校应在资金、设备、场地、人力等方面加大投入，确保教学团队建设项目的顺利实施。例如，可以通过设立专项基金，支持教学团队建设项目；提供先进的设备和技术支持，帮助提升教学水平和创新能力；开放企业的生产线和实验室，供教学团队进行实习和实践。此外，企业还应选派有经验的工程师和技术人员参与高校的教学活动，提供专业指导和技术支持，帮助提升教学质量。

3.企业和高校应共同参与课程设计和教学改革，确保教学内容符合市场需求

企业作为用人主体，最了解市场和行业的需求。通过与高校共同开发课程，可以确保教学内容的针对性和实用性。例如，企业可以与高校共同设计课程，设置专业课程和实践环节；邀请企业专家和技术骨干担任兼职教授，参与课程教学和指导学生实习；通过项目合作和技术研发，将最新技术和科研成果引入课堂，提升学生的专业水平和创新能力。通过这些措施，可以确保人才培养与市场需求无缝对接，培养出符合需求的高素质应用型人才。

4.企业和高校应共同关注教学团队的职业发展和个人成长

关注教师的职业发展和个人成长是优化教学团队的重要方面。企业和高校应为教学团队成员提供职业发展规划和成长空间，例如，通过定期的职业发展评估和职业技能培训，帮助教学团队成员提升专业能力和管理水平。同时，企业和高校应为教学团队成员提供学术交流和科研机会，鼓励他们参与学术研讨会和科研项目，提升他们的学术水平和科研能力。

优化完善教学团队是提升教育质量和效果的重要举措，也是企业和高校

在产教融合过程中必须重视的关键环节。通过共同制定详细的教学团队发展规划、加大资源投入、共同参与课程设计和教学改革、建立健全激励机制、加强沟通和协调、关注职业发展和个人成长等多种措施，可以确保教学团队建设的顺利推进和高效实施。在这一过程中，各级政府、教育部门、企业和高校应当共同努力，积极推动教学团队优化制度的建立和完善，为产教融合的深入推进提供坚实的组织保障和制度支持，培养出更多符合社会和市场需求的高素质应用型人才，促进社会经济的可持续发展。

（二）要优化创新教材内容

优化和创新教材内容是提升教育质量、适应社会发展需求和培养高素质人才的重要举措。在现代教育中，教材不仅是学生获取知识的重要载体，也是教育理念和教学方法的重要体现。要优化和创新教材内容，需要从多方面入手，确保教材内容的科学性、实用性和前瞻性。

1. 要紧跟时代发展和科技进步的步伐

现代社会发展迅速，科学技术日新月异，教材内容必须反映最新的科技成果和社会发展趋势。教材编写者应密切关注科技前沿动态，及时将最新的科学技术、学术研究成果和社会发展趋势纳入教材内容中。例如，在信息技术飞速发展的今天，教材应适当增加人工智能、大数据、区块链等新兴科技的内容，让学生了解和掌握最新的科技知识和技能。同时，教材还应关注社会热点问题，如环境保护、可持续发展、社会公平等，引导学生关注社会现实，培养他们的社会责任感和创新精神。

2. 要注重实用性和应用性

教材不仅要传授理论知识，还要注重知识的实际应用，培养学生的实践能力和解决问题的能力。为此，教材内容应结合实际案例和应用场景，增加实践环节和操作指导。例如，理工科教材可以增加实验、实训和项目实践的内容，文科教材可以结合实际案例分析和社会调查等方式，让学生在实践中掌握知识，提高应用能力。此外，教材还应注重跨学科知识的整合，培养学生的综合素质和创新能力。例如，在工程类专业教材中，可以融入管理学、经济学等知识，培养学生的综合素养和管理能力。

3. 要体现教育理念和教学方法的创新

现代教育理念提倡以学生为中心，强调学生的自主学习和个性化发展。教材内容应体现这一教育理念，注重学生的自主探究和创新思维的培养。例如，可以在教材中增加探究性学习、项目学习和问题解决等内容，鼓励学生自主探索和思考，培养他们的创新能力和实践能力。同时，教材还应注重多样化的教学方法，提供多种学习资源和学习方式，例如线上线下结合的教学资源、互动式的学习内容等，满足学生的多样化学习需求。

5. 应注重文化传承和国际视野的培养

在全球化背景下，学生不仅需要掌握本国的文化和历史，还需要了解世界各国的文化和发展情况，培养全球视野和跨文化交流能力。为此，教材内容应注重中外文化的融合和比较，增加国际化内容和跨文化交流的案例。例如，可以在教材中增加国际热点问题的讨论、全球视野下的案例分析等内容，帮助学生了解全球发展趋势和国际合作的必要性。同时，教材还应注重本国文化的传承和发扬，培养学生的文化自信和民族认同感。例如，在历史和文学类教材中，可以增加优秀传统文化和现代文化成果的内容，让学生了解和传承本国的文化精髓。

6. 注重多样化和个性化

学生的兴趣爱好、能力水平和学习方式各不相同，教材内容应体现多样化和个性化的特点，满足不同学生的学习需求。例如，可以在教材中设置不同难度和深度的学习内容，提供多样化的学习资源和学习活动，让学生根据自己的兴趣和能力选择适合的学习内容和方式。此外，教材还应注重学生的个性化发展，提供多种学习路径和发展方向，鼓励学生自主选择和规划自己的学习和职业发展。例如，在职业教育教材中，可以根据不同职业方向设置不同的课程模块和学习内容，提供多种职业发展路径和职业指导，帮助学生根据自己的兴趣和能力选择适合的职业发展方向。

7.依靠现代信息技术的支持

优化和创新教材内容是提升教育质量和适应社会发展需求的重要举措。通过紧跟时代发展和科技进步、注重实用性和应用性、体现教育理念和教学方法的创新、注重文化传承和国际视野的培养、注重多样化和个性化以及依靠现代信息技术的支持，可以有效提升教材内容的质量和效果，推动教育教学改革和人才培养模式的创新，培养出更多符合社会和市场需求的高素质人才，促进社会经济的可持续发展。

（三）要适当对教学方法进行丰富

要适当对教学方法进行丰富，是提升教育质量和教学效果的重要举措之一。在现代教育环境中，单一的教学方法难以满足多样化的学习需求和不断变化的教育目标。因此，丰富教学方法不仅有助于激发学生的学习兴趣和主动性，还能够培养他们的创新思维和实践能力。以下是关于如何丰富教学方法的详细阐述：

1.应该引入多样化的教学形式和手段

传统的讲授法虽然在传授知识方面有其独特的优势，但也存在单调、缺乏互动等不足。为了克服这些缺点，教师可以结合不同的教学内容和目标，灵活运用各种教学形式和手段。例如，可以引入讨论法、案例分析法、项目教学法等，增加课堂互动和学生参与的机会。通过讨论，学生可以分享自己的见解，培养批判性思维和表达能力；通过案例分析，学生可以应用理论知识解决实际问题，增强实践能力；通过项目教学，学生可以自主探究，提升创新能力和团队合作精神。

2.采用信息技术与教学的深度融合

现代信息技术的发展为丰富教学方法提供了新的可能性。教师可以利用多媒体技术、虚拟现实技术和互联网技术，制作生动的教学资源和互动学习内容。例如，可以利用多媒体课件展示复杂的理论内容，增强视觉效果和理解深度；利用虚拟现实技术模拟实验操作和实景体验，让学生身临其境地进行学习和实践；通过网络课程和在线平台，提供灵活的学习时间和丰富的学习资源，满足学生个性化学习需求。同时，教师还可以利用大数据分析技术，了解学生的学习情况和需求，针对性地调整教学策略，提高教学效果。

3. 注重学生主体地位的发挥

现代教育理念强调以学生为中心，强调学生的自主学习和个性化发展。为了实现这一目标，教师应在教学过程中注重学生的主体地位，鼓励他们主动参与和自主探索。例如，可以采用探究式学习法，引导学生通过自主探究和问题解决获取知识；采用合作学习法，通过小组合作和任务分工，培养学生的团队合作能力和沟通技巧；采用翻转课堂模式，让学生在课前自主学习基础知识，课堂上进行深入讨论和实践应用，提升学习效果和课堂效率。

4. 注重跨学科教学，培养学生的综合素养和创新能力

现代社会对人才的需求不仅限于单一学科的知识和技能，更需要具备跨学科的综合素养和创新能力。为了培养这类人才，教师可以通过跨学科教学，融合不同学科的知识和方法，开展综合性和跨学科的教学活动。例如，可以将科学、技术、工程和数学（science technology engineering mathematics，STEM）教育与艺术、人文等学科结合起来，设计跨学科的教学项目和活动，让学生在解决实际问题的过程中，综合运用不同学科的知识和方法，培养他们的综合素养和创新能力。

5. 不断提升自身的教学能力和专业素养

丰富教学方法不仅需要教师具备多样化的教学技能和知识，还需要他们不断学习和创新。因此，教师应积极参加各种培训和进修，了解教育教学的新理论、新方法和新技术，不断提升自己的教学能力和专业素养。例如，可以参加教育学、心理学、信息技术等方面的培训课程，掌握多样化的教学方

法和手段；可以参加教学研讨会和学术交流，借鉴同行的经验和做法，不断改进和创新自己的教学方法。

适当对教学方法进行丰富是提升教育质量和教学效果的重要举措。通过引入多样化的教学形式和手段、信息技术与教学的深度融合、注重学生主体地位的发挥、开展跨学科教学和不断提升教师自身的教学能力和专业素养，可以有效丰富教学方法，激发学生的学习兴趣和主动性，培养他们的创新思维和实践能力，推动教育教学改革和人才培养模式的创新，培养出更多符合社会和市场需求的高素质人才，促进社会经济的可持续发展。

（四）要对教学结果进行客观科学的评价

对教学结果进行客观科学的评价，是提升教育质量、改进教学方法和促进学生全面发展的重要手段。科学的评价体系不仅能够准确反映教学效果，还能够为教育决策提供数据支持，帮助教师改进教学策略，促进学生的全面发展。以下是关于如何对教学结果进行客观科学评价的详细阐述：

1.建立多元化的评价指标体系

教学结果的评价不应仅限于学生的考试成绩，而应包括多方面的内容，如知识掌握程度、技能应用能力、创新能力、合作精神和综合素养等。因此，评价体系应包括多元化的指标，全面反映学生的学习情况和发展水平。例如，可以将知识与技能的掌握、学习态度与习惯、问题解决能力、团队合作能力和创新思维等纳入评价指标中，通过多角度、多层次的评价，全面了解学生的学习效果和发展状况。

2.采用多种评价方法和手段

为了提高评价的客观性和科学性，应采用多种评价方法和手段，综合运用定量评价和定性评价。例如，可以通过考试、测验等方式进行定量评价，了解学生对知识的掌握情况；通过课堂观察、学生作品、项目报告等进行定性评价，评估学生的实践能力、创新能力和合作精神。同时，可以利用信息技术手段，如在线测试、学习数据分析等，提高评价的效率和准确性。通过多种方法和手段的综合运用，可以全面、客观地反映教学效果。

3. 注重过程评价和结果评价相结合

教学评价不仅应关注最终的学习结果，还应重视学习过程的评价。过程评价可以帮助教师了解学生在学习过程中遇到的问题和困难，及时调整教学策略，提高教学效果。例如，可以通过平时作业、课堂表现、项目完成情况等进行过程评价，了解学生的学习态度、学习习惯和学习能力；通过阶段性测试、期中考试等进行结果评价，评估学生的知识掌握情况和学习效果。通过过程评价和结果评价相结合，可以全面了解学生的学习情况，促进学生的全面发展。

4. 评价主体应多元化

为了提高评价的客观性和公正性，应引入多元化的评价主体，避免单一主体评价的偏差。除了教师的评价，还可以包括学生自评、同伴互评和家长评价等。例如，学生自评可以帮助学生反思自己的学习过程和效果，提高自我认知和自我管理能力；同伴互评可以促进学生之间的交流与合作，提高团队合作能力；家长评价可以了解学生在家庭中的学习情况和表现，促进家校合作。通过多元化的评价主体，可以全面了解学生的学习情况，提高评价的客观性和公正性。

5. 建立科学的评价反馈机制

评价的目的是改进教学，提高教学效果，因此应建立科学的评价反馈机制，及时反馈评价结果，帮助教师和学生改进教学和学习。例如，可以通过评价报告、教师评语、家长会等方式，将评价结果反馈给教师、学生和家长；通过个别谈话、指导交流等方式，帮助学生分析学习问题，制定改进措施；通过教学研讨会、教师培训等方式，帮助教师改进教学方法，提高教学能力。通过科学的评价反馈机制，可以及时发现和解决教学中存在的问题，提高教学质量和效果。

6.注重评价结果的应用和改进

评价结果的应用和改进是提高教学效果的重要环节。教师应根据评价结果，及时调整教学策略和方法，提高教学针对性和有效性。例如，可以根据学生的学习情况和评价结果，调整教学进度和难度，提供个性化的教学辅导；根据学生的兴趣和特长，设计多样化的学习活动和项目，激发学生的学习兴趣和主动性。同时，教师还应通过评价结果的分析和总结，不断反思和改进自己的教学方法和策略，提高教学水平和效果。

对教学结果进行客观科学的评价，是提升教育质量、改进教学方法和促进学生全面发展的重要手段。通过建立多元化的评价指标体系，采用多种评价方法和手段，注重过程评价和结果评价相结合，引入多元化的评价主体，建立科学的评价反馈机制，注重评价结果的应用和改进，可以全面、客观地反映教学效果，提高教学质量和效果，促进学生的全面发展，培养出更多符合社会和市场需求的高素质人才，推动教育教学改革和人才培养模式的创新。

二、全面强化师资队伍

（一）推进"双师型"教师建设

推进"双师型"教师建设是提升职业教育质量、培养高素质应用型人才的重要举措。所谓"双师型"教师，是指既具备扎实的理论知识和教学能力，又具备丰富的实践经验和专业技能的教师。在当前职业教育改革和发展中，构建一支高水平的"双师型"教师队伍，对于提高职业教育的教学质量和学生的实践能力具有重要意义。

1.制定科学合理的"双师型"教师建设规划

"双师型"教师的培养和建设需要有明确的目标和具体的实施路径。教育部门和学校应制定科学合理的"双师型"教师建设规划，明确"双师型"教师的培养目标、建设任务和发展路径。例如，可以制定"双师型"教师培养标准和考核办法，明确"双师型"教师的知识结构、能力要求和职业素养；可以设立"双师型"教师培养专项资金，支持教师参加培训和进修，提高专业技能和实践能力。通过科学合理的规划，可以确保"双师型"教师建设的有序推进和高效实施。

2. 加大对"双师型"教师的培养力度

培养"双师型"教师需要多方面的努力和资源投入。学校应通过多种途径和方式，加大对"双师型"教师的培养力度，提高教师的专业水平和实践能力。例如，可以通过校企合作，选派教师到企业进行实践锻炼，了解行业发展动态，掌握最新的技术和技能；可以通过合作办学，邀请企业专家和技术骨干担任兼职教师，参与学校的教学活动，传授实际操作技能和行业经验；可以通过职业教育培训机构，组织教师参加专业技能培训和职业资格认证，提高教师的实践能力和职业素养。通过多种途径的培养，可以提升教师的专业水平和实践能力，促进"双师型"教师队伍的建设。

3. 建立健全"双师型"教师的激励机制

激励机制是调动教师积极性和主动性的关键。学校应通过建立健全的激励机制，鼓励教师积极参与"双师型"教师的培养和建设。例如，可以设立"双师型"教师奖励基金，对在"双师型"教师建设中表现突出的教师给予表彰和奖励；可以将"双师型"教师的情况纳入教师的绩效考核，作为晋升和评优的重要依据；可以提供培训和进修机会，提升教师的专业水平和职业能力，增强教师的归属感和成就感。通过健全的激励机制，可以激发教师参与"双师型"教师建设的积极性，形成全员参与、共同推进的良好局面。

4. 加强校企合作，构建"双师型"教师培养平台

校企合作是培养"双师型"教师的重要途径。学校应加强与企业的合作，共同构建"双师型"教师培养平台，实现资源共享和优势互补。例如，可以与企业共同制定"双师型"教师培养计划，明确培养目标和任务；可以与企

业共同建立"双师型"教师实践基地，为教师提供实践锻炼的机会和平台；可以与企业共同组织"双师型"教师培训班，邀请企业专家和技术骨干进行授课和指导。通过校企合作，可以有效提升教师的专业水平和实践能力，推动"双师型"教师队伍的建设。

5.提升"双师型"教师的教学能力和科研水平

"双师型"教师不仅要具备扎实的专业技能和实践能力，还要具备较高的教学能力和科研水平。学校应通过多种途径，提升"双师型"教师的教学能力和科研水平。例如，可以通过教学研讨会、教学竞赛等活动，提高教师的教学能力和教学水平；可以通过科研项目、学术交流等活动，提升教师的科研能力和学术水平；可以通过教学培训和教学评估，提高教师的教学质量和教学效果。通过多种途径的提升，可以全面提高"双师型"教师的综合素质和能力，推动"双师型"教师队伍的建设。

6.建立科学的评价和考核体系

评价和考核是确保"双师型"教师建设质量的重要环节。学校应建立科学的评价和考核体系，对"双师型"教师的培养和建设情况进行全面评估和考核。例如，可以通过教学评估、学生反馈、企业评价等多种方式，全面了解"双师型"教师的教学质量和实践能力；可以通过专业技能考核、职业资格认证等方式，评估"双师型"教师的专业水平和职业能力；可以通过定期考核和评估，及时发现和解决"双师型"教师建设中存在的问题，不断改进和提升"双师型"教师建设质量。通过科学的评价和考核体系，可以确保"双师型"教师建设的质量和效果。

推进"双师型"教师建设是提升职业教育质量和培养高素质应用型人才的重要举措。通过制定科学合理的"双师型"教师建设规划、加大对"双师型"教师的培养力度、建立健全激励机制、加强校企合作、提升教学能力和科研水平、建立科学的评价和考核体系，可以全面提升"双师型"教师的专业水平和实践能力，推动"双师型"教师队伍的建设，为职业教育的改革和发展提供坚实的组织保障和制度支持，培养出更多符合社会和市场需求的高素质应用型人才，促进社会经济的可持续发展。

（二）优化高职教师培训活动

优化高职教师培训活动是提升高职教育质量、增强教师教学能力和专业素养的重要举措。高职教师培训活动的有效性直接关系到教师队伍的建设和学生的培养质量。为了确保高职教师培训活动的科学性和有效性，需要从以下几个方面进行优化。

1.制定科学合理的培训规划和目标

高职教师培训活动应有明确的规划和目标，以确保培训活动的系统性和针对性。教育部门和学校应根据实际需求和发展趋势，制定科学合理的教师培训规划，明确培训目标、内容和实施路径。例如，可以根据不同学科和专业的特点，制定针对性强的培训计划，确保每位教师都能得到适合自己的培训内容；可以设定短期和长期的培训目标，如短期内提升某一方面的专业技能，长期内提高综合素质和教学水平。通过科学合理的规划和目标设定，可以确保培训活动的有序推进和高效实施。

2.丰富培训内容，提升培训质量

培训内容的丰富性和质量直接影响教师的培训效果。高职教师培训活动应涵盖广泛的内容，包括专业知识、教学方法、教育理论、职业道德等。例如，在专业知识方面，可以邀请行业专家和学者讲授最新的技术和研究成果；在教学方法方面，可以组织教学观摩和案例分析，提升教师的课堂教学能力；在教育理论方面，可以安排教育学和心理学方面的讲座，提高教师的教育理论素养；在职业道德方面，可以开展职业道德培训和职业精神教育，增强教师的职业责任感和使命感。通过丰富的培训内容和高质量的培训活动，可以全面提升教师的综合素质和能力。

3.采用多样化的培训形式和方法

单一的培训形式和方法难以满足教师多样化的培训需求。高职教师培训活动应采用多样化的培训形式和方法，以增强培训的吸引力和效果。例如，可以采用集中培训和分散培训相结合的方式，通过集中授课、研讨会、工作坊等形式进行集中培训，通过在线学习、自主学习等形式进行分散培训；可以采用理论学习和实践操作相结合的方式，通过课堂讲授、案例分析、实验操作、实地考察等形式进行理论学习和实践操作；可以采用团队合作和个人学习相结合的方式，通过小组讨论、合作研究、个人反思等形式进行团队合作和个人学习。通过多样化的培训形式和方法，可以提高教师的参与度和培训效果。

4.加强校企合作，提升培训的实践性和应用性

高职教育强调实践性和应用性，教师的实践能力和应用能力是其教学水平的重要体现。高职教师培训活动应加强与企业的合作，提升培训的实践性和应用性。例如，可以与企业共同制定培训计划，明确培训内容和目标；可以组织教师到企业进行实践锻炼，了解行业动态和实际操作技能；可以邀请企业专家和技术人员参与培训活动，讲授实际操作技能和行业经验；可以通过校企合作项目，开展项目教学和实践教学，提升教师的实践能力和应用能力。通过加强校企合作，可以增强培训的实践性和应用性，提高教师的实际操作能力和行业适应能力。

5.建立健全培训评价和反馈机制

培训评价和反馈是确保培训质量和效果的重要环节。高职教师培训活动应建立健全的培训评价和反馈机制，对培训活动进行全面评估和改进。例如，可以通过培训前后的测试和问卷调查，评估教师的知识掌握情况和培训需求；通过培训过程中的观察和记录，评估教师的参与度和学习效果；通过培训后的跟踪调查和反馈，评估教师的教学改进情况和培训效果。同时，应建立有效的反馈机制，及时收集教师的意见和建议，不断改进和完善培训内容和形

式，提高培训质量和效果。

6.提升培训管理和服务水平

高职教师培训活动的顺利进行离不开良好的管理和服务保障。学校应建立健全的培训管理机构，负责培训活动的组织和协调工作；配备专业的培训管理人员，提供高效的培训服务和支持；建立完善的培训资源库，提供丰富的培训资料和学习资源；加强培训管理的信息化建设，利用信息技术手段提高培训管理和服务水平。通过提升培训管理和服务水平，可以确保培训活动的顺利进行和培训效果的最大化。

优化高职教师培训活动是提升高职教育质量和教师队伍水平的重要举措。通过制定科学合理的培训规划和目标、丰富培训内容、采用多样化的培训形式和方法、加强校企合作、建立健全培训评价和反馈机制、提升培训管理和服务水平，可以全面提升高职教师的专业素质和教学能力，推动高职教育的改革和发展，培养出更多符合社会和市场需求的高素质应用型人才，促进社会经济的可持续发展。

（三）高职院校严格师资准入制度

高职院校严格师资准入制度，是提升教学质量和教育水平的关键措施之一。优秀的师资队伍是高职院校发展的基石，对于培养高素质应用型人才至关重要。

1.明确师资准入的标准和要求

高职院校应根据自身的办学定位、专业设置和教学需求，制定明确的师资准入标准和要求。这些标准应包括学历背景、专业知识、实践经验、教学能力、科研水平和职业道德等方面。例如，可以规定教师需具备硕士及以上学历，具备与所教学科相关的专业知识和技能；要求教师具有一定的行业从业经验或实习经历，熟悉行业动态和实际操作技能；注重教师的教学能力和教学效果，要求教师具备良好的教学组织和课堂管理能力；要求教师具备一定的科研能力，能够开展科学研究和技术开发；强调教师的职业道德和师德师风，要求教师具备良好的职业道德和敬业精神。

2.建立科学的师资招聘和选拔机制

高职院校应通过科学的招聘和选拔机制，确保引进高素质的师资力量。例如，可以通过公开招聘、校园招聘、猎头公司推荐等多种途径，广泛吸引优秀人才；通过严格的招聘程序，包括资格审查、笔试、面试、试讲、专业技能测试等环节，全面考察应聘者的综合素质和能力；通过组建由校内外专家组成的评审委员会，对应聘者进行全面评估和选拔，确保招聘的公平、公正和科学性。同时，学校应建立人才引进的长效机制，定期开展招聘活动，持续引进高水平的教师。

3.加强对新入职教师的培训和考核

新入职教师的培训和考核是确保其快速适应教学工作和提高教学能力的重要措施。高职院校应建立系统的新教师培训制度，对新入职教师进行全面培训。例如，可以通过岗前培训、教学技能培训、专业知识培训等形式，提高新教师的教学能力和专业水平；通过导师制、教学观摩、案例分析等形式，帮助新教师了解教学规律和方法，提升教学效果；通过定期考核和评估，对新教师的教学效果和专业发展进行全面考察，确保其达到学校的教学标准和要求。通过系统的培训和考核，可以帮助新教师快速适应岗位要求，提高教学质量。

4.建立健全教师的职业发展和晋升机制

高职院校应注重教师的职业发展和晋升，为教师提供良好的职业发展空间和晋升渠道。例如，可以通过建立教师职称评定制度，明确职称评定的标准和程序，为教师提供晋升的机会；通过制定教师职业发展规划，明确教师的职业发展目标和路径，帮助教师不断提升专业能力和教学水平；通过提供培训和进修机会，支持教师参加国内外的学术交流、培训课程和进修学习，提升教师的学术水平，拓宽教师的国际视野。通过完善的职业发展和晋升机制，可以激发教师的工作积极性和创新精神，提高教师队伍的整体水平。

5.加强教师的教学和科研管理

高职院校应通过科学的教学和科研管理，提高教师的教学质量和科研水平。例如，可以通过建立教学评估和考核制度，对教师的教学效果进行定期评估和考核，及时发现和解决教学中存在的问题；通过建立科研管理制度，鼓励教师开展科学研究和技术开发，提升教师的科研能力和学术水平；通过提供科研经费和项目支持，支持教师开展科研工作，提升教师社会影响力。同时，学校应注重教学和科研的有机结合，鼓励教师将科研成果应用于教学实践，提高教学的科学性和前瞻性。

6.注重教师的职业道德和师德师风建设

高职院校应通过多种途径，强化教师的职业道德和师德师风建设。例如，可以通过制定师德规范和行为准则，明确教师的职业道德要求和行为规范；通过开展师德教育和职业道德培训，提高教师的职业道德水平和师德素养；通过建立师德考核和奖惩机制，对教师的师德表现进行定期考核和评价，表彰和奖励师德优秀的教师，惩戒和纠正师德失范的行为。通过强化师德建设，可以树立教师的良好形象，提升教师队伍的整体素质。

严格高职院校师资准入制度是提升教学质量和教育水平的重要举措。通过明确师资准入标准和要求、建立科学的招聘和选拔机制、加强新入职教师的培训和考核、建立健全教师的职业发展和晋升机制、加强教学和科研管理、注重职业道德和师德师风建设，可以全面提升教师队伍的综合素质和能力，为高职教育的发展提供坚实的师资保障，培养出更多符合社会和市场需求的高素质应用型人才，推动社会经济的可持续发展。

（四）创新高职教师人才引进机制

创新高职教师人才引进机制是提升职业教育质量、增强师资队伍实力、适应社会和市场需求的重要措施。为了实现这一目标，需要从以下几个方面入手，构建科学、灵活、多元化的人才引进机制，确保高职院校能够吸引并留住高素质的教师人才。

1. 制定科学的人才引进规划和政策

高职院校应根据自身的发展定位、专业设置和教学需求，制定科学合理的人才引进规划和政策。明确引进人才的标准和要求，包括学历、专业背景、实践经验、教学能力、科研水平等。例如，对于不同的专业和岗位，可以制定不同的引进标准和要求，确保引进的人才能够满足教学和科研的需要。制定引进政策时，还应考虑到区域经济和行业发展的特点，制定具有吸引力的人才引进政策，如提供住房、科研启动经费、子女教育等福利待遇。

2. 拓宽人才引进渠道，建立多元化的人才引进机制

为了吸引更多优秀人才，高职院校应拓宽人才引进渠道，采用多元化的引进方式。例如，可以通过校企合作、国际合作、人才交流等多种方式引进人才；通过公开招聘、猎头公司推荐、行业协会推荐等多种途径发现和吸引人才；通过人才引进计划、高层次人才引进项目等方式，集中引进高水平的教学和科研人才。此外，还可以通过举办人才招聘会、校企合作论坛、学术交流会议等活动，吸引国内外优秀人才来校工作。

3. 创新人才引进的评估和选拔机制

为了确保引进人才的质量，高职院校应创新评估和选拔机制，采用科学、全面、多样化的评估方法。例如，可以通过资格审查、笔试、面试、试讲、专业技能测试等多种方式，全面考察应聘者的综合素质和能力；通过组建由校内外专家组成的评审委员会，对应聘者进行全面评估和选拔，确保评估的公平、公正和科学性。同时，还可以引入行业企业的专家和代表参与评估和选拔，确保引进的人才符合行业发展的需求。

4. 完善人才引进后的培训和发展机制

引进人才后，高职院校应通过系统的培训和发展机制，帮助新进教师快速适应教学工作和提升专业能力。例如，可以通过岗前培训、教学技能培训、

专业知识培训等形式，提高新教师的教学能力和专业水平；通过导师制、教学观摩、案例分析等形式，帮助新教师了解教学规律和方法，提升教学效果；通过提供培训和进修机会，支持教师参加国内外的学术交流、培训课程和进修学习，提升教师的学术水平和国际视野。通过系统的培训和发展机制，可以帮助新教师快速适应岗位要求，提高教学质量。

5.建立健全人才激励和保障机制

为了吸引和留住优秀人才，高职院校应建立健全的激励和保障机制，提供良好的职业发展环境和待遇。例如，可以通过建立完善的职称评定和晋升制度，提供多种晋升渠道和发展路径，帮助教师实现职业发展目标；通过设立教学奖励、科研奖励、人才引进奖励等多种奖项，对在教学、科研、人才引进等方面做出突出贡献的教师给予表彰和奖励。

6.注重人才引进的可持续发展

高职院校的人才引进工作不仅要着眼于当前的需求，还应具有前瞻性和可持续性。学校应根据自身的发展规划和目标，制定长远的人才引进战略，确保人才引进工作的连续性和可持续性。例如，可以通过建立人才引进长效机制，定期开展人才招聘和引进工作，保持人才队伍的动态更新；通过建立人才储备库，储备一批高水平的教学和科研人才，为学校的发展提供人才支持；通过加强校企合作、国际合作等多种方式，拓展人才引进的渠道和资源，增强人才引进工作的灵活性和可持续性。

创新高职教师人才引进机制是提升职业教育质量和师资队伍水平的重要举措。通过制定科学的人才引进规划和政策、拓宽人才引进渠道、创新评估和选拔机制、完善培训和发展机制、建立健全激励和保障机制、注重人才引进的可持续发展，可以全面提升高职院校的人才引进工作水平，吸引并留住更多高素质的教师人才，推动高职教育的改革和发展，培养出更多符合社会和市场需求的高素质应用型人才，促进社会经济的可持续发展。

三、大力发展协同育人

高职院校校企合作人才培养的重点就在于如何实现校企双方最大化地融合与协作，只有双方互相融入、互相扶持，各自展现自身优势，并且帮助对方扬长避短，才能促使校企合作人才培养活动稳步推进。因此，高职院校必须切实推进校企协同育人模式发展，不能让校企合作仅仅停留在口头或书面，而是要促进校企协同育人真正落地。

（一）高职院校要在宏观层面调整相关制度

高职院校要在宏观层面调整相关制度，以适应新时代教育改革的要求，提升教育质量，增强办学效益，培养符合社会和市场需求的高素质应用型人才。这需要从制度建设、政策制定、管理机制等方面进行全面的调整和优化。高职院校要在宏观层面调整相关制度，是提升教育质量、增强办学效益的重要举措。通过完善教育管理体制、优化师资队伍建设、完善教学管理制度、健全校企合作机制、完善学生管理和服务制度、推动学校与社会的互动和合作，可以全面提升高职院校的综合实力和办学水平，培养出更多符合社会和市场需求的高素质应用型人才，推动职业教育的改革和发展，促进社会经济的可持续发展。

（二）高职院校要与市场建立稳定的联系

高职院校要与市场建立稳定的联系，是提升教育质量和培养高素质应用型人才的重要举措。首先，建立校企合作长效机制，通过签订合作协议和设立合作委员会，确保校企合作的持续性和稳定性；其次，制定科学的校企合作规划，根据专业设置和市场需求，明确合作目标和实施路径，提高合作的针对性和有效性；再次，拓宽合作内容和形式，通过共同开发课程、共建实训基地、企业兼职教师等方式，增强合作的深度和广度。此外，加强校企双方的沟通和交流，定期组织互访和技术交流会，增进相互了解和信任。通过建立信息共享机制，及时共享最新动态和合作成果，提高合作的透明度和协作性。注重校企合作的评价和反馈，建立健全的评价机制，通过学生实习和就业跟踪调查、企业满意度调查等方式，及时改进合作内容和形式；最后，积极争取政府和行业协会的支持和参与，通过政策支持和资金投入，推动校企合作项目的实施和推广，为校企合作提供强有力的保障和推动力。

（三）高职院校要给予合作企业在校内建立实训基地的权力

高职院校应给予合作企业在校内建立实训基地的权力，这是提升教育质量和培养高素质应用型人才的重要举措。通过这种合作模式，学校可以充分利用企业的先进设备和技术资源，为学生提供更加贴近实际工作的实训环境，有助于提高学生的实践能力和职业素养。同时，企业在校内设立实训基地，可以直接参与教学过程，确保教学内容与行业需求紧密结合，培养出更加符合市场需求的人才。此举不仅能增强校企合作的深度和广度，还能为企业提供选拔和培养人才的便利渠道，形成双赢局面。此外，学校应制定相关政策和管理机制，确保实训基地的规范化和可持续发展，例如明确双方的权利和义务、建立健全的运行和管理制度、定期评估和反馈实训效果等。通过这种方式，高职院校不仅能提升自身的办学水平和社会影响力，还能为学生和企业提供更优质的服务，推动职业教育与市场的深度融合，促进社会经济的可持续发展。

第四节 学生层面

一、树立正确择业观念

校企协同育人模式除了政府、学校、企业等参与支持之外，作为育人模式的主体，高职院校的学生群体也应积极配合，转变观念，发挥主观能动性，从而确保校企协同育人收益最大化，促进自身专业能力不断优化、快速提升。对此，学生群体首先要做的便是从内在心理层面做出改变，树立正确的择业观念，以正确的择业观念引领自身不断努力、勇于探索，对校企协同育人的实践做出积极反馈。

（一）择业观念

择业观念是一个人在选择职业时所持有的思想和态度，它不仅反映了个人的职业追求和理想，也受到社会经济发展、教育水平、文化背景等多方面因素的影响。随着社会的不断进步和经济的发展，择业观念也在不断发生变化，逐渐从传统的"铁饭碗"观念向更加多元化、个性化和灵活化的方向转变。

1.更加注重个人兴趣和职业发展

过去，人们往往注重职业的稳定性和社会地位，追求"铁饭碗"和高薪职业，认为这些职业能够提供稳定的收入和社会保障。然而，随着社会经济的快速发展和职业种类的不断增加，越来越多的人开始意识到职业兴趣和个人发展对于职业选择的重要性。人们希望从事自己感兴趣的工作，通过不断学习和积累经验，提升自身的职业能力，实现个人价值。因此，现代择业观念更加强调职业兴趣和个人发展，鼓励人们根据自己的兴趣和特长选择职业，实现职业理想和人生目标。

2.更加注重职业的多样性和灵活性

传统的择业观念往往注重职业的单一性和稳定性，认为一份工作应该从一而终。然而，随着社会的快速变化和科技的进步，职业的多样性和灵活性逐渐成为择业观念的重要组成部分。人们开始认识到，职业的多样性和灵活性不仅可以提供更多的选择机会，还可以帮助个人不断适应社会的发展变化，提高职业的竞争力。因此，现代择业观念更加鼓励人们尝试不同的职业，积累多样化的工作经验，不断提升自身的综合素质和能力。此外，兼职、自由职业、创业等新型职业形式的兴起，也为人们提供了更多的职业选择和发展机会，推动了择业观念的多样化和灵活化。

3.更加注重职业的社会责任和价值

随着社会的进步和人们生活水平的提高，职业不仅仅是获取收入的手段，更是实现个人价值和社会价值的重要途径。越来越多的人开始关注职业的社会责任和价值，希望通过自己的职业贡献社会、服务他人，实现更高的人生价值。例如，环保、公益、社会服务等领域的职业逐渐受到人们的关注和重视，越来越多的人愿意从事这些具有社会责任和价值的职业，为社会的可持续发展贡献自己的力量。因此，现代择业观念更加强调职业的社会责任和价值，鼓励人们在选择职业时考虑职业对社会的贡献和影响，追求职业与社会价值的统一。

4.更加注重职业的国际化和全球视野

随着全球化的深入和国际交流的增多，职业的国际化和全球视野逐渐成为择业观念的重要内容。人们开始认识到，具有国际化视野和跨文化交流能力的人才在全球化时代具有更大的竞争优势。因此，越来越多的人希望通过职业发展提升自己的国际化视野和跨文化交流能力，适应全球化的发展趋势。例如，选择跨国公司、海外工作、国际交流项目等职业形式，能够帮助个人拓展国际视野，积累跨文化交流经验，提高职业竞争力。因此，现代择业观念更加鼓励人们关注职业的国际化和全球视野，提升个人的国际化素养和能力，适应全球化的发展需求。

5.更加注重职业的持续学习和终身发展

随着知识经济的到来和技术的快速更新，职业的持续学习和终身发展逐渐成为择业观念的重要组成部分。人们开始认识到，职业的竞争力不仅仅取决于现有的知识和技能，更取决于持续学习和不断发展的能力。因此，越来越多的人愿意在职业生涯中不断学习和提升自己，保持职业的竞争力和适应性。例如，通过参加培训课程、继续教育、职业认证等方式，不断更新知识和技能，提升职业素养和能力。因此，现代择业观念更加强调职业的持续学习和终身发展，鼓励人们在职业生涯中不断学习和进步，实现职业的长期发展和个人的持续成长。

综上所述，现代择业观念呈现出更加多元化、个性化和灵活化的特点，注重个人兴趣和职业发展、职业的多样性和灵活性、职业的社会责任和价值、职业的国际化和全球视野、职业的持续学习和终身发展。这些变化不仅反映了社会经济的发展和人们生活水平的提高，也推动了职业教育和职业指导的不断进步。高职院校和相关教育机构应根据现代择业观念的变化，不断调整和优化教育教学内容和方式，帮助学生树立正确的择业观念，提高职业素养和竞争力，适应社会和市场的发展需求，培养出更多符合时代要求的高素质应用型人才。通过科学的职业指导和教育，帮助学生在择业过程中做出理性、科学的选择，实现职业理想和人生价值，推动社会的进步和发展。

（二）高职院校学生群体树立择业观念的途径

高职院校学生群体树立择业观念是提升就业竞争力和职业素养的关键步骤。为了有效帮助学生树立科学合理的择业观念，高职院校应采取多方面的措施，综合运用理论教学、实践训练和职业指导等多种途径，引导学生正确

新媒体时代产教融合模式创新与探索

认识职业选择，合理规划职业生涯，确保学生能够适应市场需求，顺利实现就业和职业发展目标。

1. 课程设置和教学内容应注重职业素养教育

高职院校应在课程设置中融入职业素养和职业规划教育，将择业观念的培养纳入专业课程和通识课程中。通过开设职业生涯规划、职业道德、就业指导等课程，帮助学生了解职业市场的现状和趋势，掌握职业选择的基本原则和方法。同时，教师在教学过程中应注重引导学生树立正确的职业观念，强调职业兴趣与职业发展的重要性，鼓励学生根据自己的兴趣和特长选择职业，实现职业理想和人生目标。

2. 加强校企合作，提供实践平台和就业指导

高职院校应积极与企业合作，建立稳定的校企合作关系，为学生提供丰富的实习和就业机会。通过与企业共同开发课程和教材、共建实训基地、开展项目合作等方式，增强学生的实践能力和职业素养。在此基础上，学校应设立专门的就业指导中心，提供个性化的就业指导和服务。例如，开展职业讲座、就业沙龙、模拟面试等活动，邀请企业专家和校友分享职业经验，帮助学生了解职业市场的需求和企业的用人标准，提高就业竞争力。

3. 注重职业生涯规划教育，帮助学生合理规划职业路径

高职院校应通过系统的职业生涯规划教育，引导学生制定科学的职业发展计划。职业生涯规划教育应贯穿学生的整个学习过程，从入学到毕业，逐步引导学生认识自我、了解职业、制定目标、实施计划。例如，可以通过开展职业兴趣测评、职业性格测试等活动，帮助学生了解自己的兴趣和特长；通过职业生涯规划课程和专题讲座，指导学生制定职业发展目标和实施路径；通过定期进行职业规划辅导和跟踪，帮助学生不断调整和优化职业发展计划，确保职业目标的实现。

4. 丰富课外活动和社会实践，提升学生的综合素质

高职院校应积极组织丰富多彩的课外活动和社会实践，帮助学生在实践

中认识职业、了解社会、提升素质。例如，可以组织学生参加社会公益活动、志愿服务、企业参观等，增强学生的社会责任感和实践能力；通过开展各类职业技能竞赛、创新创业大赛等，激发学生的创新精神和创业热情，提升职业素养和综合竞争力；通过组织学生参加行业展会、职业论坛等活动，拓宽学生的视野，帮助他们了解行业发展动态和职业前景。

5.加强职业指导和心理辅导，帮助学生应对择业压力

高职院校应设立专业的职业指导和心理辅导机构，提供系统的职业指导和心理支持。职业指导机构应通过多种形式的职业咨询和辅导，帮助学生解决在择业过程中遇到的实际问题。例如，通过个别咨询、团体辅导、职业测评等方式，为学生提供个性化的职业建议和解决方案；通过开展就业信息发布会、招聘会等活动，提供最新的就业信息和招聘机会，帮助学生找到合适的就业岗位。心理辅导机构应通过心理健康教育和心理咨询，帮助学生应对择业压力，调整心态，增强自信心，提高应对职业选择和职业竞争的能力。

6.培养学生的终身学习和持续发展意识

现代职业市场变化迅速，职业竞争日益激烈，终身学习和持续发展成为职业成功的关键因素。高职院校应通过多种途径培养学生的终身学习意识和持续发展能力。例如，通过设立继续教育和职业培训机构，为学生提供多样化的学习机会和职业培训课程；通过建立校友会和职业发展网络，提供持续的职业支持和信息资源，帮助学生不断提升职业素养和竞争力。通过多种形式的终身学习和持续发展活动，帮助学生保持学习的积极性和职业发展的动力，适应职业市场的变化，实现职业的长期发展和个人的持续成长。

高职院校学生群体树立择业观念需要多方面的综合措施，通过课程设置和教学内容的职业素养教育、校企合作提供实践平台和就业指导、职业生涯规划教育、丰富课外活动和社会实践、职业指导和心理辅导、培养终身学习和持续发展意识等多种途径，全面提升学生的职业素养和就业竞争力，帮助学生树立科学合理的择业观念，顺利实现就业和职业发展目标。通过科学的

职业指导和教育，高职院校可以有效培养出更多符合社会和市场需求的高素质应用型人才，推动职业教育的改革和发展，促进社会经济的可持续发展。

二、努力提高创新能力

高职院校的学生应当努力提高自身创新能力。在校企合作人才培养的实践中，学生如果具备较强的创新能力，他们对于自身所接受的培训内容则有更加丰富的体会和感受，与此同时，还能够对相关的专业知识进行深入反思与适当创新，这不仅有利于学生充分了解专业中与行业相关的内容，还有利于他们今后职业生涯获得更好的发展。

（一）创新能力的概念

创新能力是指个体或组织在面对新问题、新情况或新挑战时，通过独特的思维方式和创造性的解决方案，产生有价值的新思想、新方法、新产品或新服务的能力。这种能力不仅包括发现和识别机会的能力，还包括运用知识、技能和资源实现创新的过程。创新能力是现代社会和经济发展中极为重要的素质，是推动科技进步、经济增长和社会进步的重要动力。

1.创新能力涉及创造性思维和批判性思维

创造性思维是指在知识的基础上，通过联想、想象和灵感，产生新颖、独特、有价值的想法或解决方案的能力。批判性思维是指对现有的知识、观点和方法进行分析、评价和改进的能力。创造性思维和批判性思维相结合，能够帮助个体或组织在复杂多变的环境中发现问题、提出假设、验证假设并最终解决问题。

2.创新能力包含了知识整合和应用的能力

个体或组织在面对新问题时，需要运用跨学科的知识和技能，整合不同领域的知识，找到解决问题的最佳途径。这不仅要求对专业知识有深入的理解，还要求有广博的知识面，能够将不同领域的知识联系起来，进行综合应用。通过不断学习和实践，个体或组织可以提升知识整合和应用的能力，从而提高创新的水平。

3.创新能力需要具备一定的实验和实践能力

创新往往需要通过不断的实验和实践来验证和改进。个体或组织需要有勇于尝试和实验的精神，敢于打破常规，探索新的方法和途径。在实验和实践的过程中，不断积累经验，总结教训，逐步完善和优化创新方案。通过实验和实践，能够将抽象的创意转化为具体的成果，提高创新的实际应用价值。

4.创新能力还包括合作与沟通的能力

现代社会的创新往往是团队合作的结果，不同背景和领域的成员通过合作，共同解决复杂的问题。良好的沟通和合作能力，能够促进团队成员之间的思想碰撞和知识共享，激发更多的创新思维。通过协同合作，团队可以集思广益，找到更加完善和有效的创新解决方案。

5.创新能力需要持续学习和自我更新的能力

在快速发展的社会中，知识和技术不断更新，个体或组织需要保持持续学习的态度，不断获取新的知识和技能。通过持续学习，个体或组织能够紧跟时代的发展潮流，掌握最新的科技成果和方法，提升自身的创新能力。自我更新不仅包括知识和技能的更新，还包括思维方式和观念的更新，能够适应变化，不断调整和优化创新策略。

创新能力是个体或组织在面对新问题、新情况或新挑战时，通过创造性思维、批判性思维、知识整合和应用、实验和实践、合作与沟通以及持续学习和自我更新等多方面的综合能力。创新能力是现代社会和经济发展中极为重要的素质，是推动科技进步、经济增长和社会进步的重要动力。通过不断提升创新能力，个体或组织可以在竞争激烈的环境中保持优势，推动自身和社会的持续发展和进步。

（二）高职院校学生创新能力概况

高职院校学生创新能力的概况，是指这些学生在学习过程中所表现出来的创新潜力和能力，包括创造性思维、实践能力、知识应用、团队协作等多方面的综合素质。高职院校注重实践教学和职业技能培养，旨在培养符合社会和市场需求的高素质应用型人才。

1.创造性思维能力较强

高职院校的课程设置和教学方法注重培养学生的创造性思维，鼓励学生在学习过程中独立思考，提出新颖的想法和解决方案。通过案例分析、项目教学和实验操作等多种教学形式，学生能够在实践中运用所学知识，激发创造力。例如，在工程类专业的课程中，学生需要设计和制作实物模型，解决实际工程问题，这不仅锻炼了他们的动手能力，还培养了他们的创新思维。

2.实践能力突出

实践教学是高职教育的核心，高职院校通过实训基地、校企合作、实习实训等多种途径，增强学生的实践能力。学生在真实的工作环境中，通过实际操作，掌握专业技能，提升解决实际问题的能力。例如，护理专业的学生在医院实习期间，能够直接参与病人的护理工作，积累了丰富的实践经验，提高了应对实际问题的能力。

3.知识应用能力较强

高职院校注重理论与实践相结合，培养学生将所学知识应用于实际工作中的能力。学生通过项目实践、实验操作、实地考察等方式，将课堂上学到的理论知识应用于解决实际问题。例如，电子信息专业的学生在学习过程中，不仅学习电子电路的理论知识，还通过动手制作和调试电路板，掌握了电子产品的设计和制作技能。

4.团队协作能力较好

现代职业教育强调团队合作，高职院校通过项目教学、小组讨论、团队作业等方式，培养学生的团队协作能力。在这些过程中，学生学会了如何与他人合作，共同解决问题，完成任务。例如，在计算机专业的课程中，学生需要组成团队，共同开发一个软件项目，这不仅锻炼了他们的编程技能，还提升了他们的团队协作能力和项目管理能力。

5.创新意识和动手能力较强

高职教育重视培养学生的创新意识和动手能力，通过多种实践活动和创新创业教育，激发学生的创新潜力。例如，学校可以组织创新创业大赛、科技创新项目等活动，鼓励学生提出创新性项目和解决方案，通过实际操作将创意转化为现实成果。学生在这些活动中，不仅提高了自己的创新能力，还积累了宝贵的实践经验。

6.职业素养和社会责任感较高

高职院校在培养学生创新能力的同时，也注重培养学生的职业素养和社会责任感。例如，通过职业道德教育和社会实践活动，学生不仅学习到职业技能，还认识到职业道德和社会责任的重要性。护理专业的学生在实习过程中，不仅学会了护理技能，还培养了关爱病人、尊重生命的职业素养。

7.学习主动性和自我管理能力较强

在创新能力培养过程中，学生需要具备较强的学习主动性和自我管理能力。例如，通过自主学习和自我管理，学生能够根据自己的兴趣和职业目标，选择适合的学习内容和方式，不断提升自己的专业能力和创新水平。在教师的指导下，学生能够制定学习计划，合理安排时间，独立完成学习任务，提高了学习效率和效果。

高职院校学生创新能力的概况主要表现在创造性思维、实践能力、知识应用、团队协作、创新意识、职业素养、学习主动性和自我管理能力等方面。高职院校通过多种教学方法和实践活动，全面培养学生的创新能力，帮助他们适应市场需求，顺利实现就业和职业发展目标。通过不断提升学生的创新能力，高职院校能够培养出更多符合社会和市场需求的高素质应用型人才，推动职业教育的改革和发展，促进社会经济的可持续发展。

（三）高职院校学生创新能力自我提升路径

高职院校学生创新能力的自我提升是一个系统的过程，涉及多方面的素质和能力培养。以下是详细的自我提升路径，旨在帮助学生在各个方面不断进步，全面提高创新能力。

1. 培养创造性思维

创造性思维是创新能力的核心，高职院校学生应主动培养和发展这种能力。学生可以通过多阅读、多思考、多提问来培养创造性思维。例如，可以阅读不同领域的书籍和文章，了解各种新思想和新观点；通过参加头脑风暴和讨论会，锻炼自己的思维灵活性和创造力；积极思考和提出问题，尝试从不同角度分析和解决问题。参加各种创新竞赛、项目设计等活动，也能激发创造性思维。

2. 增强实践能力

实践能力是高职院校学生的优势，也是创新能力的重要组成部分。学生应积极参与实习实训、校企合作项目、实验室工作等实践活动，积累实际操作经验。例如，学生可以利用学校提供的实训基地，进行项目实践和操作训练；通过校企合作，到企业实习，了解行业需求和工作流程，掌握实际技能；参与实验室的科研项目，进行实验操作和数据分析，提升动手能力和实践经验。

3. 拓宽知识面，提升综合素质

创新需要跨学科的知识和技能，学生应主动拓宽知识面，提升综合素质。可以通过选修不同专业的课程、参加跨学科的学术活动、阅读各类书籍和文献来扩展知识面。例如，计算机专业的学生可以选修管理学、心理学等课程，增加对人类行为和组织管理的理解；通过参加学术讲座和研讨会，了解最新的科技发展和研究动态；阅读各类书籍，丰富知识储备，提升综合素养。

4.培养团队合作和沟通能力

现代创新往往是团队合作的结果，学生应注重团队合作和沟通能力的培养。可以通过参与团队项目、合作学习、小组讨论等方式，锻炼团队合作和沟通能力。例如，在团队项目中，学生可以通过分工合作，共同完成任务，培养协作精神和责任感；在合作学习中，通过交流和分享，学会倾听和表达，提高沟通能力；在小组讨论中，积极参与，提出自己的观点，听取他人的意见，提升团队合作和沟通技巧。

5.增强自学能力和持续学习能力

创新需要不断学习和更新知识，学生应增强自学能力和持续学习能力。例如，通过自主学习，掌握新的知识和技能；利用网络资源和在线课程，进行继续教育和技能培训；通过阅读专业书籍和学术论文，了解最新的研究成果和科技动态；参加各种培训班和学习活动，不断提升自己的专业水平和创新能力。

6.积极参加各类创新实践活动

高职院校学生可以通过参加各种创新实践活动，提升自己的创新能力。例如，可以参加创新创业大赛、科技创新项目、职业技能竞赛等，通过实际操作和项目实践，提升创新能力和实践经验；参与学校组织的创新创业教育和培训，学习创新方法和创业技巧；通过参与科研项目和技术开发，积累科研经验，提升创新能力。

7.树立明确的职业发展目标和规划

高职院校学生应根据自己的兴趣和职业目标，制定明确的职业发展规划和创新目标。例如，通过职业规划课程和职业指导，明确自己的职业方向和发展路径；制定短期和长期的创新目标，逐步实现自己的职业梦想；通过定期自我评估和调整，不断优化自己的职业规划和创新路径。树立明确的职业发展目标和规划，可以帮助学生集中精力，提升创新能力，实现职业理想和人生目标。

综上所述，高职院校学生创新能力的自我提升路径包括培养创造性思维、增强实践能力、拓宽知识面、提升综合素质、培养团队合作和沟通能力、增强自学能力和持续学习能力、积极参加创新实践活动、树立明确的职业发展目标和规划等多个方面。通过这些路径的综合实施，学生可以全面提升自己的创新能力，适应市场需求，顺利实现就业和职业发展目标。通过不断提升学生的创新能力，高职院校能够培养出更多符合社会和市场需求的高素质应用型人才，推动职业教育的改革和发展，促进社会经济的可持续发展。

第五章

新媒体时代产教融合育人体制机制与教学创新

第一节　产教融合与校企一体化的要素

所谓机制就是一套博弈中的制度和规则，不同的制度和规则会导致不同的博弈结果。合作育人可以被看作是由高校、企业、政府以及学生等多个主体参与的一场博弈，同时也是通过企业与高校在两种不同环境中培养人才的一种教育模式。合作教育机制是指在合作教育模式下，合作各环节主体之间的合作、协调和相互影响形成的一套共同促进人才培养的运行规则。那么，不同的合作教育机制会产生不同的教育效果。

一、产教融合校企一体化的理念概述

产教融合校企一体化是指职业教育院校和企业在教育、培训、科研等方面深度合作，形成紧密的协同关系，共同培养高素质应用型人才的一种教育模式。这种理念强调教育与产业的深度融合，通过校企合作实现资源共享、优势互补，提升教育质量和企业竞争力。

（一）产教融合校企一体化的核心理念在于共同培养人才

高职院校与企业通过共同制定人才培养方案，确保教育内容与企业需求无缝对接。企业参与课程设置、教学内容和实训项目的设计，提供实际工作环境和设备，帮助学生在校期间就能够掌握实际工作所需的知识和技能。这样培养出的学生不仅具备扎实的理论基础，更具备丰富的实践经验和职业素养，能够迅速适应工作岗位的要求。

（二）产教融合校企一体化注重实践教学和应用研究

高职院校与企业共同建设实训基地和研发中心，进行项目合作和技术研发。学生在实训基地和企业中进行实习、实践和毕业设计，参与企业的实际生产和技术开发，解决实际问题，提升动手能力和创新能力。与此同时，企业通过与高校的合作，可以借助高校的科研力量和创新能力，提升自身的技术水平和创新能力，实现产学研结合，推动技术进步和产业升级。

（三）产教融合校企一体化强调资源共享和优势互补

高职院校与企业通过合作，实现教育资源和企业资源的共享，优势互补。学校提供专业的理论知识和基础教育，企业提供实际工作环境和设备，双方共同培养高素质应用型人才。同时，企业可以利用高校的科研资源和人才资源，开展技术创新和产品研发，提升企业的核心竞争力。学校通过与企业的合作，可以获得最新的行业动态和技术发展趋势，及时调整教学内容和培养方案，提高教育质量和办学水平。

（四）产教融合校企一体化还包括师资队伍的共建共享

高职院校与企业可以通过互派教师和技术人员，共同建设"双师型"教师队伍。企业技术人员可以担任兼职教师，参与学校的教学工作，传授最新的行业知识和技术技能；学校教师可以到企业进行实践锻炼，了解行业发展和企业需求，提升实际操作能力和教学水平。通过师资队伍的共建共享，提升教师队伍的综合素质和教学能力，推动教育教学改革。

（五）产教融合校企一体化还强调共同参与教育管理和评价

高职院校与企业共同参与教育管理和教学质量评价，确保教育与产业的紧密结合。企业可以参与学校的管理决策和教育评价，提供行业标准和评价指标，确保教学质量和人才培养质量符合行业和企业的需求。学校可以通过企业的反馈，及时调整和优化教学内容和培养方案，不断提高教育质量和办学水平。

综上所述，产教融合校企一体化的理念强调教育与产业的深度融合，通过校企合作实现资源共享、优势互补，共同培养高素质应用型人才。这种教育模式不仅有助于提升教育质量和企业竞争力，还能推动技术进步和产业升级，促进职业教育的改革和发展，实现教育与产业的双赢。

二、产教融合与校企一体化的要素分析

当前产教融合需要加强哪些要素的融合概括起来主要有三个方面：专业融合是基础，教学融合是重点，师资融合是关键。

（一）专业与产业的融合

专业与产业的深度融合是实现产教融合与校企一体化的核心要素。通过专业设置与产业需求对接、课程内容与企业实际相结合、教学方法与企业实践结合、师资队伍与企业专家共建、科研项目与企业需求结合、评价体系与企业标准对接，培养出符合社会和市场需求的高素质应用型人才。

（二）教学诸要素与产业的融合

教学诸要素与产业的融合是实现高职院校产教融合、校企一体化的关键路径。通过课程内容与产业需求的对接、教学方法与产业实践的结合、师资队伍与企业专家的融合、实训设施与企业环境的共建、科研项目与产业技术的合作、教学评价与企业标准的对接，全面提升教育质量和学生的职业能力。

（三）教师与产业的融合

教师与产业的融合是实现高职院校产教融合、校企一体化的重要途径。通过建设"双师型"教师队伍、建立校企合作的师资培训机制、推动教师参与企业科研和技术开发、深入企业进行实践教学、构建教师与企业专家的交流平台、完善教师考核和激励机制，全面提升教师的综合素质和教学水平，确保教育与产业需求的无缝对接。

第二节　产教融合与校企一体化的路径

　　高职教育与社会经济之间的关系反映了人力资源与产业需求的供需关系，在市场机制的调节下，高职教育体制机制的滞后性导致了专业教育与产业结构之间、产业需求与人才供给（毕业生技术技能）之间的显著失衡。为了解决这一职业教育领域的难题，学术界从理论到实践已经开展了多角度、多层面的研究和试验，但瓶颈依然存在。当前，高职院校可以充分利用学院园区化平台的优势，尝试推进产教融合与校企一体化的高职教育教学改革，以探索解决这一难题的有效途径。

一、产教融合与校企一体化路径诠释

　　从产教融合与校企一体化的核心要素分析来看，产教融合与校企一体化的路径可以在此基础上进行修正。一体化内聚力可以增加政府引导力、市场吸引力等，形成"五力"模型，包括政府引导力、市场吸引力、企业推动力、院校执行力和社会监督力。在此模型下，一体化的目标可以调整为"五个对接"，即专业设置与产业需求对接、课程内容与职业标准对接、教学过程与生产过程对接、毕业证书与职业资格证书对接、职业教育与终身学习对接。这些对接的核心在于确保教育与产业需求的高度契合，提升学生的就业竞争力和职业发展潜力。在实现一体化目标之后，需要构建一体化平台。该平台不仅要具备协同育人功能，还应具备协同创新功能、创业教育功能、产业调研功能和成果转化功能。通过这些功能的整合，形成一个全面支持产教融合与校企一体化的综合平台，促进教育资源与产业资源的深度融合，提升职业教育的质量和效果。在一体化课程与教学方面，需要在原有的课程范式项目化、课程组织多样化、课程实践生产化、课程成果产品化的基础上，增加课程改革同步化。通过同步化的课程改革，确保课程内容与教学方法与时俱进，紧密结合产业发展的最新需求和技术进步。此外，一体化评价应在学生满意度、企业满意度、学校满意度、社会满意度的基础上，增加政府满意度，以全面评估产教融合的效果和影响。政府满意度的增加，可以确保政府对职业教育的政策支持和资金投入，进一步推动产教融合的深化发展。在一体化评价之后，增加一体化保障机制。主要包括动力机制、组织机制、制度驱动机制、运行机制和利益分享机制五个方面。这些机制的建立和完善，能够确保产教融合与校企一体化的持续推进和有效运行。在此基础上，各个利益契约合作关系中应体现出相互的包容、优势的互补和利益的互惠，形成一个良性循环的合作生态系统。产教融合与校企一体化的主线仍然是教育性，通过教育改革和创新，培养出符合市场需求的高素质技能型人才。学校应与企业、政府和社会各界密切合作，共同推动职业教育的高质量发展。通过政府引导、市场驱动、企业参与和社会监督，形成一个多方协同、优势互补的合作机制，确保产教融合的深入推进和校企一体化的顺利实施。综上所述，产教融合与校企一体化的路径修正需要从多方面进行综合考虑，包括内聚力的提升、目标的调整、平台的构建、课程与教学的同步改革、评价体系的完善和保障机制的建立。通过这些措施，可以有效提升职业教育与社会经济的契合度，培养出符合市场需求的高素质技能型人才，推动社会经济的持续健康发展。在这一过程中，各方利益相关者应密切合作，共同探索和实践，不断完善产教融合与校企一体化的路径和方法，实现职业教育的高质量发展。

二、产教融合与校企一体化目标设计

（一）一体化内聚力形成

一体化内聚力的形成涉及多方面的因素和力量，包括政府引导力、市场吸引力、企业推动力、院校执行力和社会监督力。政府引导力通过政策支持和财政投入，为产教融合与校企一体化提供制度保障和资源支持。政府出台鼓励校企合作的政策，推动职业教育与产业需求的对接，确保教育资源配置的科学性和合理性。市场吸引力则源于市场对高素质技能型人才的需求，促使企业积极参与职业教育，通过提供最新的技术设备和实际工作场景，提升教育质量和效果。企业推动力体现在企业深度参与职业教育的各个环节，从课程设计、教学实施到实习实践，企业不仅提供资源和技术支持，还参与教育过程的管理和评估，确保教育内容与产业需求的紧密衔接。院校执行力则是职业院校在落实产教融合政策和实施校企合作项目中的能力和行动力。职业院校需要不断提升自身的管理水平和教学质量，通过优化课程设置、建设双师型师资队伍和完善实训基地，确保教育与产业需求的高度契合。社会监督力通过社会各界对职业教育的关注和监督，形成对政府、企业和院校的外部压力，促使各方共同致力于职业教育的改革和发展。社会各界，包括行业协会、媒体和公众，通过对职业教育的评价和反馈，推动职业教育不断改进和提升。在此基础上，各个利益相关者之间形成紧密合作关系，体现出相互的包容、优势的互补和利益的互惠，构建一个良性循环的合作生态系统。通过政府引导、市场驱动、企业参与、院校执行和社会监督，多方协同、优势互补，确保产教融合与校企一体化的持续推进和有效运行。各方的共同努力和紧密合作，不仅提升了职业教育的质量和效果，也为社会经济的发展提供了源源不断的高素质技能型人才。

（二）一体化目标要求

一体化目标要求包括专业设置与产业需求对接、课程内容与职业标准对接、教学过程与生产过程对接、毕业证书与职业资格证书对接、职业教育与终身学习对接这五个对接。专业设置与产业需求对接要求职业院校根据市场需求和产业发展趋势，及时调整和优化专业设置，确保培养的人才能够满足行业和企业的实际需要。课程内容与职业标准对接则强调课程内容应符合行业标准和职业规范，确保学生在校期间所学知识和技能与实际工作要求一致，提升就业竞争力。教学过程与生产过程对接旨在将生产实际引入教学过程，通过实践教学和实习实训，使学生在学习过程中掌握实际操作技能，增强实践能力和岗位适应性。毕业证书与职业资格证书对接要求学生在毕业时不仅获得学历证书，还能取得相应的职业资格证书，增加其就业竞争力和职业发展潜力。职业教育与终身学习对接强调职业教育不仅要关注学生在校期间的培养，还要注重其职业生涯中的持续学习和发展，为学生提供终身学习的机会和平台，支持其职业发展和个人成长。在实现这五个对接的过程中，必须构建一体化平台，该平台需具备协同育人功能、协同创新功能、创业教育功能、产业调研功能和成果转化功能。协同育人功能通过校企合作，整合教育资源和企业资源，共同培养高素质技能型人才。协同创新功能则通过产学研结合，推动技术创新和成果转化，提升产业竞争力。创业教育功能通过提供创业教育和实践机会，激发学生的创业意识和能力。产业调研功能通过对行业和企业的调研，了解最新的产业发展动态和需求，为教育改革提供依据。成果转化功能则通过技术转移和产业化，推动教育科研成果转化为生产力，服务经济社会发展。这些功能的整合和发挥，形成一个全面支持产教融合与校企一体化的综合平台，确保教育与产业需求的高度契合，提升职业教育的质量和效果，为社会经济的发展培养源源不断的高素质技能型人才。

三、产教融合与校企一体化平台构建

产教融合与校企一体化必须把握"服务"与"培养"之间的平衡，因此在构建一体化平台的时候必须强调协同育人、协同创新、创业教育、产业调研以及成果转化等核心功能。

（一）做好协同育人

产教融合与校企一体化的主要目的和中心任务应聚焦于培养人才，因此，育人是产教融合与校企一体化的核心。作为一种开放跨界的教育运行体系，产教融合与校企一体化的独特文化体现在跨越院校、政府、行业企业、科研机构等不同领域的联动上。通过多方协同联动，以政产学研市立体协同推进为实施手段，变革高职人才培养模式，强调职业素养，把人才培养贯穿于教学、生产实践、创新研发和应用服务的全过程，适应经济发展的新需要。这种模式不仅关注学生在校期间的理论知识和技能培训，更强调在真实生产环境中的实践和应用能力，确保学生能够快速适应职业岗位的要求。同时，通过与企业的深度合作，将最新的技术和行业动态引入课堂，保持教学内容的前沿性和实用性。在产教融合与校企一体化的框架下，政府、企业、院校和科研机构共同参与人才培养过程，形成一个多方协同、优势互补的合作生态系统。政府通过政策支持和财政投入，为产教融合提供制度保障和资源支持；企业通过提供实习岗位、参与课程设计和教学实施，为学生提供真实的工作环境和实际操作机会；院校通过优化课程设置、提升教师队伍素质和建设实训基地，确保教学内容与产业需求的高度契合；科研机构通过产学研结合，推动技术创新和成果转化，为教育教学提供最新的技术支持。通过这种多方协同联动的方式，不仅提升了职业教育的质量和效果，还增强了学生的就业竞争力和职业发展潜力。职业素养的培养贯穿于整个教育过程，从课程设置、教学实施到实习实践，每一个环节都强调学生职业道德、职业精神和职业能力的全面发展。同时，通过与企业和科研机构的合作，学生不仅能够掌握前沿技术和最新行业动态，还能培养创新意识和实践能力，提升综合素质。综上所述，产教融合与校企一体化以育人为核心，通过跨越不同领域的多方协同联动，变革高职人才培养模式，强调职业素养的全面发展，适应经济发展的新需要，为社会经济的持续健康发展培养高素质技能型人才。

（二）做好创业教育

产教融合与校企一体化平台本质上是一个创业创新的有效载体，旨在鼓励并引导学生和教师积极参与创业创新实践。这个平台将创业与专业、科技、区域产业及政府导向相结合，旨在提升师生的创业知识和经验、创业意识、创业能力、科技知识和创新能力。通过这一平台，不仅促进了创业的实际效果，也增强了科技创新能力，构建了一个完整的创业实践教育体系。在这一过程中，学生和教师可以通过实际项目参与和企业合作，获得宝贵的创业实践经验和技能。同时，平台提供的资源和支持，如创业导师、技术支持和资金资助，为师生的创业活动提供了坚实的后盾。通过与区域产业和政府导向的结合，平台确保了创业项目的现实性和可行性，帮助师生更好地将创新成果转化为实际生产力。此外，平台通过多种形式的创业培训和教育，提升了师生的创业知识和经验，使他们能够更好地应对创业过程中遇到的各种挑战和问题。在专业教育中融入创业元素，不仅拓宽了学生的职业发展路径，也增强了他们的创新意识和能力。通过这种方式，平台不仅促进了学生和教师的个人发展，也推动了区域产业的创新发展和技术进步。综上所述，产教融合与校企一体化平台通过鼓励创业创新实践，提升了师生的综合能力和素质，构建了一个完善的创业实践教育体系，为社会经济发展培养了大量高素质的创新型人才。这个平台的建设和运作，是产教融合与校企一体化的重要组成部分，也是推动职业教育与产业紧密结合、促进科技创新和经济发展的重要途径。通过多方协同合作，平台在教育、科技、产业和政府之间架起了一座沟通的桥梁，形成了一个良性循环的生态系统，有力地推动了教育与产业的深度融合。

（三）做好产业调研

产教融合与校企一体化平台融合了大量企业和相关行业，通过政产学研市的联动机制，能够深入了解整个行业及主要企业的发展现状、存在问题及未来趋势。这样的平台不仅为政府、行业和企业提供了重要的咨询建议，还为高校提供了详尽的人力需求报告，并为科研机构提供了产业需求的一手资料。通过这一平台，各方可以实现信息共享和资源整合，从而更好地服务于产业和教育的需求。在政府方面，平台提供的咨询建议可以帮助制定更加科学和有效的政策，推动产业和教育的协调发展。对于行业和企业而言，平台所提供的深入分析和发展趋势报告，可以帮助其及时调整战略，抓住市场机遇，提升竞争力。高校通过获取平台提供的人力需求报告，可以优化专业设置和课程内容，确保培养的人才能够满足市场需求，提高毕业生的就业率和职业发展前景。科研机构则通过平台获得产业需求的一手资料，可以更有针对性地开展研究工作，推动科技成果转化为实际生产力。同时，平台的多方联动机制促进了各方的紧密合作和交流，为产业、教育和科研的深度融合提供了坚实的基础。这样，不仅提升了教育和科研的质量和效果，也为社会经济的发展提供了有力支持。综上所述，产教融合与校企一体化平台通过融合企业和行业资源，利用政产学研市的联动机制，为各方提供了重要的支持和服务，推动了产业、教育和科研的协调发展和深度融合。

（四）做好成果转化

长期以来，产学研成果转化率低一直是一个突出的难题，原因在于成果转化和技术转移只有在特定的创新体系和组织制度环境下才能实现，才能使得技术知识或技术成果在不同利益主体之间有效传递。换言之，仅仅依靠企业和大学这两个轮子，是无法有效"驱动"区域创新经济发展的。因此，必须依靠政产学研市的一体化，提供技术转移和成果转化所需的土壤。在这样的创新体系中，政府、企业、学术机构、科研机构和市场共同参与，形成一个协同合作的生态系统。政府通过政策支持和引导，创造有利于创新和成果转化的环境；企业则通过实际需求和市场反馈，为科研提供方向和动力；学术机构和科研机构则通过基础研究和技术开发，提供创新源泉；市场通过需求导向，促进技术成果的商品化和产业化。通过政产学研市的一体化，各方能够实现资源共享、信息互通和优势互补，形成一个良性循环的创新生态系统。在这种生态系统中，各方利益主体可以在统一的平台上进行互动和合作，打破信息壁垒和利益壁垒，促进技术知识和技术成果的顺利转移和有效转化。这样，不仅提高了产学研成果的转化率，也推动了区域创新经济的发展。通过这种多方协同合作的模式，技术创新的效率和效果得到了显著提升，科技成果能够更快、更好地转化为实际生产力，服务于经济和社会的发展。综上所述，要提高产学研成果的转化率，必须依靠政产学研市的一体化，通过构建一个完善的创新体系和组织制度环境，为技术转移和成果转化提供必要的土壤，从而有效推动区域创新经济的发展。

四、产教融合与校企一体化教学与评价

（一）一体化课程与教学

在合作目标确定和平台建成之后，科学设计课程结构与内容，并吸纳用人单位直接参与课程设计，显得尤为关键。课程的范式应以项目化为核心，强调将专业性融入相关的专业生产项目中，以专业生产过程中的关键知识和核心能力安排实践课程。课程的组织应多样化，尽管强调实践教学的重要性，

但不排斥传统的课堂教学和模拟性实训教学，提倡课程组织的灵活性和多样性。实践课程应突出专业生产的知识特性和技术特性，尤其在真实的生产过程和环境中，培养学生的专业技术及应用能力，这是最关键的要求。课程成果产品化是校企一体化实践教学绩效评价的特殊要求，由于学习是在真实产品生产中的学习，实践性产品的质量将成为评价学生学习态度和知识应用及迁移能力的重要指标。课程改革同步化，即根据产业技术的变化驱动课程改革，使教学活动在真实环境中进行，按照企业真实的技术与装备水平设计教学内容，并根据真实的业务流程设计教学空间和课程模块，从而激发学生的学习兴趣，推动教学方法的改革。综上所述，科学设计课程结构与内容，不仅要与企业的需求紧密结合，还要在教学过程中不断改革创新，以提高学生的专业技能和实际应用能力，真正实现产教融合，为社会输送高素质的专业人才。

（二）一体化质量评价

产教融合与校企一体化的质量评价主要依据学习主体和合作主体间的"满意"程度进行。建议从学生满意度、企业满意度、学校满意度、社会满意度、政府满意度五个维度进行一体化质量评价。学生满意度是最核心的标准，是整个路径操盘的重中之重。考虑到产教融合与校企一体化的多面性，提出校企合作双方的满意评估。高职院校同样肩负着重要的公益服务社会职能，校企一体化的效应不仅作用于相关联合体之间，也不可避免地产生社会辐射及先导作用，放大高职社会公益服务功能，让更多行业企业共享高校的优质资源，这就是社会满意度的意义所在。作为提供教育服务公共产品的主要力量，政府作为主办方和投资者，其满意度可以作为评价产教融合与校企一体化的办学方向与成效的重要标准。产教融合与校企一体化的质量评价实施可以分为高校和生产企业的内部评价及行业组织第三方质量评价两个层面进行。产教深度融合与校企一体化质量内部评价内容重点考查产教深度融合的组织与领导、职责履行、人才培养方案、基地建设、毕业生社会声誉、教师成果转化等；生产企业产教深度融合质量内部评价主要考查技术培训、订单完成、新产品开发、新技术引进等。行业组织第三方质量评价重点检查和评价产教融合是否符合行业产业发展，并及时反馈和修正。同时，通过制定具体标准，开展产教深度融合督导检查，合理设计各种奖惩措施，以调动产教融合各方的积极性。综上所述，科学地设计和实施产教融合与校企一体化的质量评价体系，能够有效促进高职教育与行业企业的紧密结合，提高教育质量和社会服务能力，最终实现多方共赢的目标。

五、产教融合与校企一体化保障机制

如何保证产教融合与校企一体化目标的实现，如何保证产教融合与校企一体化的自我运行与调节，需要一系列的机制作为保障。产、学、研主体可以从动力机制、组织机制、制度驱动机制、运行机制、利益分享机制等方面保障产教融合与校企一体化的有序运行，推动产教融合与校企一体化迈向更深层次和更高水平。

（一）动力机制

产教融合与校企一体化产生的动力机制，是指合作主体多方要素之间相互作用、相互联系、相互制约的形式和作用方式。合作动力的产生主要源于利益驱动、优势互补、政策推进和发展需求等因素的综合作用，激励院校、行业企业、科研机构在政府的影响下和市场的需求下产生合作意愿，提高合作兴趣，巩固合作发展的相关政策、制度和运作方式。产教融合与校企一体化的各主体会受到多方面因素的影响和作用。企业受市场需求的驱动；院校是人才和科技成果的摇篮，当单独依靠企业自身无法培养出合格人才时，企业就会对产教融合表现出浓厚的兴趣。科研机构参与产教融合与校企一体化除了经济利益驱动外，还有实现社会价值、提高学术水平和社会地位的动力。行业协会作为企业的"娘家"，其参与产教融合与校企一体化的动力主要是推动本行业良性发展。政府和院校作为为社会提供最大程度人才公共产品的服务，是其职能所在。在此背景下，产教融合与校企一体化成为推动各方合作的有效机制，通过利益共赢、资源共享、政策扶持等多方面的共同作用，形成了院校、企业、科研机构和行业协会等多方协同发展的良性循环。这不仅提升了人才培养的质量和科技成果的转化效率，也促进了行业的整体发展和社会的进步。总之，产教融合与校企一体化是一个多方参与、相互作用、共同发展的复杂系统，其动力机制在于各主体之间的利益联结和优势互补，政策的引导和市场的需求，最终实现各方的共赢与持续发展。

（二）组织机制

明确的组织机制是产教融合与校企一体化的基础，是形成自我约束、自我规范的内部管理体制和监督制约机制的保障。政府应设立专门的校企合作组织管理协调机构，加强对产教融合与校企一体化工作的领导，将其作为一项重要内容纳入各级领导任期目标责任制的考核中，强化对该项工作的指导、协调、监督和服务，确保其顺利开展。高职院校也应成立相应的组织管理机构，在学校层面指导和管理各个专业与企业的合作，统一协调解决合作过程中遇到的问题。高校应建立理事会（董事会）的社会联系和合作机制，完善理事会（董事会）的结构，规范决策程序。同时，设立专业指导委员会，负责协调和指导产教融合与校企一体化的开展，解决合作发展中的重大问题；设立教学工作委员会，负责校企共建专业、课程、师资和实训基地；设立订单与就业委员会，负责订单培养计划的签订、毕业生就业推荐、选聘与服务工作；设立社会服务委员会，负责技术研发与服务、企业员工培训工作。此外，还需完善体现职业教育特色的高校章程和制度，制定符合职业教育特点的校长（院长）任职资格标准。通过建立和完善这些组织机制，可以有效保障产教融合与校企一体化工作的顺利进行。具体而言，政府的作用在于提供政策支持和制度保障，确保各项工作的有序开展和各方利益的平衡；院校则在具体操作层面，负责与企业的对接和协调，解决实际问题，提高合作效率。理事会（董事会）、专业指导委员会、教学工作委员会、订单与就业委员会、社会服务委员会等机构的设立和运行，确保了产教融合与校企一体化的系统性和持续性，为实现各方共赢和职业教育的高质量发展提供了坚实的组织保障。这些组织机制的建立，不仅有助于提升院校的人才培养质量和科技成果转化效率，也促进了企业的技术进步和行业的整体发展，最终推动社会的进步与繁荣。

（三）政策驱动机制

政策驱动机制主要是指各级政府主管部门制定和出台的相关政策措施。政策体系的建立是"产教融合与校企一体化"良性发展的前提，也是其赖以生存和发展的基础。目前我国"产教融合与校企一体化"体制存在诸多不利因素，如企业参与校企合作的积极性不高、动力不足等。要改变"校企一体化"进程中学校"一边热"的不利局面，政府应不断建立和完善政策驱动机制，制定并出台涵盖产业政策、税收政策、金融政策、就业政策和激励政策等相关政策。通过政策的制定，理顺政府与"校企一体化"进程中其他各主体之间的关系，确保政策具有前瞻性、战略性和科学性，从而使我国的"产教融合与校企一体化"尽快步入科学化的发展轨道。在具体实施过程中，产业政策应重点支持企业在技术研发、创新和人才培养方面的投入，增强企业参与校企合作的内生动力。税收政策应给予参与产教融合和校企一体化的企业一定的税收优惠，减轻企业负担，激励更多企业积极参与。金融政策则应为参与校企合作的企业提供融资支持和优惠贷款条件，解决企业在合作过程中的资金难题。就业政策应着眼于促进高校毕业生就业，通过校企合作实现人才供需对接，缓解就业压力。激励政策则应设立奖励机制，对在产教融合与校企一体化中表现突出的企业和院校给予表彰和奖励，以树立典型，推动更多主体积极参与。通过这些政策措施，政府可以有效调动各方积极性，构建起政府主导、企业主体、院校参与、社会支持的多元合作格局，推动"产教融合与校企一体化"的深入发展。政策驱动机制的建立，不仅有助于提升合作质量和效果，还能为企业和院校的发展提供制度保障，促进教育链、人才链、产业链的有机衔接，最终实现教育与产业的深度融合和共同发展。

（四）运行机制

运行机制是确保产学融合一体化正常运行的制度保障，主要包括协议机制、沟通反馈机制、行业定期指导机制、监管机制和风险管理机制等内部长效运行体系。其中，协议机制在尊重市场决定性资源配置的前提下，要求所有与院校合作的政产学研单位签订合作办学协议，明确院校、行业企业、科研机构和政府四方的责、权、利，以契约方式规范合作办学行为，确保各方权益和责任的明确划分和落实。沟通反馈机制则是通过建立有效的信息交流渠道，保证各方在合作过程中及时沟通，反馈问题和建议，提高合作效率和质量。行业定期指导机制邀请行业协会专家定期对行业和企业的发展进行面对面的指导交流，提供最新的行业发展信息和相关企业的优秀经验，同时为相关项目的开展提供咨询服务。监管机制是通过设立专门的监管机构或部门，对产学融合一体化的各项工作进行监督检查，确保合作过程中的各项政策和协议得到严格执行，防止违规行为的发生。风险管理机制则是针对合作过程中可能出现的各种风险，制定相应的防范和应对措施，确保在风险发生时能够迅速反应，及时处理，最大限度地降低风险对合作项目的影响。通过这些机制的建立和完善，可以有效保障产学融合一体化的顺利推进和持续发展。具体而言，协议机制的建立使各方在合作中有据可依，避免了因责任不明而产生的纠纷；沟通反馈机制的设置则确保了信息的畅通和问题的及时解决，提升了合作的效率和质量；行业定期指导机制通过专家的指导和经验分享，提高了企业和院校的专业水平和项目质量；监管机制的实施则为合作提供了制度保障，确保了各项工作的规范运行；风险管理机制则通过提前预判和科学应对，降低了合作过程中的不确定性和风险。总之，这些运行机制的有效实施，不仅保障了产学融合一体化的顺利推进，还为其长远发展提供了坚实的制度基础。

（五）利益共享机制

利益共享机制在产教深度融合过程中扮演着至关重要的角色，涉及利益主体包括学生、教师、学校和企业等，实现各主体之间的利益共享是确保产教融合与校企一体化顺利推进的基本条件之一。政府和相关行业协会的参与是当前构建利益共享机制亟待解决的新课题。政府和行业协会作为产教融合与校企一体化的引导者、组织者、服务者、氛围营造者、政策提供者和资金支持者，同时也是这一过程的受益者。通过深度参与产教融合与校企一体化，政府和行业协会能够深入了解产业发展的现状和问题，并获得来自高校和企业关于产业发展的建议和对策。此外，政府和行业协会还能够通过这一过程获取区域经济发展所需的人才。

利益共享机制的构建不仅需要明确各方在合作过程中的权利，还需建立有效的沟通和反馈机制，确保信息的畅通和利益的均衡分配。具体而言，学生在这一过程中可以获得实践机会和就业优势，这不仅提升了他们的实际操作能力和综合素质，也提高了就业竞争力。教师通过参与企业项目，可以提升科研水平和教学质量，并将企业中的最新技术和管理经验带入课堂，从而丰富教学内容，提升教学效果。学校通过与企业的深入合作，不仅可以提高办学水平和社会影响力，还能够在合作中获得资金支持和技术资源，从而改善办学条件，提升教育质量。企业则可以通过与高校的合作，获得高素质的人才和先进的科研成果，提升自身的技术水平和市场竞争力。此外，企业在参与校企合作的过程中，还可以借助高校的科研力量，解决生产和技术中的难题，从而实现技术创新和产业升级。

　　政府通过政策引导和资金支持，促进产教融合的顺利进行，并通过这一过程提升公共服务质量和区域经济发展水平。行业协会通过参与产教融合，不仅能够增强自身的行业影响力和服务能力，还能够在这一过程中获取行业发展的最新动态和宝贵经验，从而更好地为企业和院校提供服务和支持。通过购买服务的方式，政府和行业协会还可以共享高校及企业的高端知识要素、人力要素和技术创新要素，与高校和企业进行合作，获得所需的专项成果。

　　总之，构建利益共享机制是实现产教融合与校企一体化的重要保障，通过各方的共同努力，能够形成协同发展的良好局面，推动教育与产业的深度融合，实现教育和经济的协调发展。这不仅有助于提高人才培养的质量和企业的创新能力，还能促进整个社会的进步和繁荣。

第三节　产教融合与校企一体化的模式

产教融合与校企一体化是一种主体多元、价值诉求多向、关系交错复杂的合作形态，合作形式多样且机制灵活，不同历史阶段、不同地区、不同院校都努力探索适合自身的最佳产教合作模式。随着市场环境的变化、相关主体意识观念的更新、资源整合的力度以及政策推进的深度的不断加大，产教融合与校企一体化的模式形态也发生了变化，总体来讲主要包括以下几种模式。

一、产教融合校企一体化实践模式

（一）大学科技园区模式

大学科技园区模式在推动产教融合与校企一体化中发挥着重要作用，通过构建一个集教学、科研、产业于一体的综合性平台，实现各方资源的有机整合和优势互补。大学科技园区不仅是高校科研成果转化的重要载体，也是企业技术创新的源泉和高素质人才的培养基地。在这种模式下，大学、科研机构、企业和政府紧密合作，共同促进科技成果转化和产业化，推动区域经济的发展和产业升级。

大学科技园区模式的核心在于建立一个高效的合作机制，使大学、企业和政府能够在科技创新、人才培养和产业发展等方面实现深度融合。具体而言，大学通过科技园区将科研成果转化为生产力，为企业提供先进的技术支持和创新资源，同时为学生提供实践和就业机会，提升人才培养质量。企业则通过入驻科技园区，获得高校的科研支持和技术服务，提升企业自身的创新能力和市场竞争力。此外，企业还可以借助科技园区的平台，参与高校的科研项目，解决自身在生产和技术中的难题，从而实现技术创新和产业升级。政府在这一过程中扮演着重要的引导和支持角色，通过政策引导、资金支持和公共服务，营造良好的创新创业环境，促进科技园区的健康发展。

大学科技园区还通过建立孵化器、加速器等创新创业服务平台，为初创企业和科技型中小企业提供全方位的支持服务，包括创业指导、资金支持、市场开拓等，帮助企业快速成长。

此外，大学科技园区还通过举办各种科技交流和合作活动，搭建高校、企业和政府之间的沟通桥梁，促进各方在科技创新和产业发展方面的合作与交流。这些活动不仅有助于提升科技园区的知名度和影响力，也为入驻企业和高校提供了更多的合作机会和资源支持。

总之，大学科技园区模式通过构建一个集教学、科研、产业于一体的综合性平台，实现了大学、企业和政府在科技创新、人才培养和产业发展等方面的深度融合。这种模式不仅促进了科技成果的转化和应用，提高了高校的人才培养质量和企业的创新能力，还推动了区域经济的发展和产业升级。通过大学科技园区的建设和发展，可以有效促进产教融合与校企一体化，实现各方的共赢与协同发展，推动教育与经济的协调发展和社会的进步。

中南大学科技园研发总部

（二）职教集团型模式

职教集团型模式在推动产教融合与校企一体化方面具有重要作用，通过构建一个集职业教育、企业实践和技术研发于一体的综合性平台，实现各方资源的有机整合和优势互补。职教集团不仅是职业教育与产业发展的桥梁，也是企业技术创新和高素质技术技能人才培养的重要基地。在这种模式下，职业院校、企业、科研机构和政府紧密合作，共同促进职业教育与产业的深度融合，推动区域经济的发展和产业升级。

职教集团型模式的核心在于建立一个高效的合作机制，使职业院校、企业和政府能够在教育教学、技术创新和产业发展等方面实现深度融合。具体而言，职业院校通过职教集团将教育教学与企业实践紧密结合，为学生提供真实的生产环境和实践机会，提升人才培养质量和就业竞争力。企业则通过参与职教集团，获得院校的人才支持和技术服务，提升自身的技术水平和市场竞争力。此外，企业还可以借助职教集团的平台，参与职业院校的教学和科研项目，解决生产和技术中的实际问题，实现技术创新和产业升级。政府在这一过程中发挥着重要的引导和支持作用，通过政策引导、资金支持和公共服务，营造良好的合作环境，促进职教集团的健康发展。

湖南现代商务职业教育集团成立大会现场

职教集团还通过建立职业技能培训中心、技术创新中心等服务平台，为企业和社会提供全方位的支持服务，包括职业技能培训、技术研发、成果转化等，帮助企业提升技术水平和创新能力。通过这些服务平台，职教集团不仅促进了职业教育与产业发展的紧密结合，也为区域经济的发展注入了新的活力和动力。

此外，职教集团还通过举办各种校企合作和技能竞赛活动，搭建职业院校、企业和政府之间的沟通桥梁，促进各方在教育教学和产业发展方面的合作与交流。这些活动不仅有助于提升职教集团的知名度和影响力，也为参与各方提供了更多的合作机会和资源支持。

（三）校企合作发展联盟

校企合作发展联盟在推动产教融合与校企一体化中发挥着关键作用，通过建立一个集高校教育、企业实践和技术创新于一体的综合性平台，实现各方资源的有机整合和优势互补。校企合作发展联盟不仅是高校与企业之间的重要桥梁，也是促进技术创新和高素质人才培养的重要基地。在这种模式下，高校、企业、科研机构和政府紧密合作，共同推动教育与产业的深度融合，促进区域经济发展和产业升级。

校企合作发展联盟的核心在于建立一个高效的合作机制，使高校、企业和政府能够在教育教学、技术研发和产业发展等方面实现深度融合。具体而言，高校通过校企合作发展联盟将理论教学与企业实践相结合，为学生提供真实的工作环境和实践机会，提升人才培养质量和就业竞争力。企业则通过参与校企合作发展联盟，获得高校的人才支持和科研服务，提升自身的技术水平和市场竞争力。此外，企业还可以借助联盟的平台，参与高校的教学和科研项目，解决生产和技术中的实际问题，实现技术创新和产业升级。政府在这一过程中发挥着重要的引导和支持作用，通过政策引导、资金支持和公共服务，营造良好的合作环境，促进校企合作发展联盟的健康发展。

校企合作发展联盟还通过建立创新创业中心、技术转移中心等服务平台，为企业和社会提供全面的支持服务，包括创新创业指导、技术研发支持、成果转化等，帮助企业提升技术水平和创新能力，促进教育与产业的紧密结合。

（四）现代学徒制

1. 现代学徒制运行机制

现代学徒制运行机制在推动产教融合与校企一体化中发挥着重要作用，通过构建一个集学校教育、企业培训和职业实践于一体的综合性平台，实现各方资源的有机整合和优势互补。现代学徒制不仅是培养高素质技术技能人才的重要模式，也是企业技术创新和提高生产力的有效途径。在这种模式下，学校、企业、学生和政府紧密合作，共同推动职业教育与产业的深度融合，促进区域经济的发展和产业升级。

现代学徒制运行机制的核心在于建立一个高效的合作机制，使学校、企业和政府能够在教育教学、职业培训和生产实践等方面实现深度融合。具体而言，学校通过现代学徒制将课堂教学与企业实践相结合，为学生提供真实的工作环境和实践机会，提升人才培养质量和就业竞争力。企业则通过参与现代学徒制，获得学校的人才支持和培训服务，提升自身的技术水平和生产效率。此外，企业还可以借助现代学徒制的平台，参与学校的教学和培训项目，解决生产和技术中的实际问题，实现技术创新和产业升级。政府在这一过程中发挥着重要的引导和支持作用，通过政策引导、资金支持和公共服务，营造良好的合作环境，促进现代学徒制的健康发展。

现代学徒制还通过建立培训中心、职业技能评估中心等服务平台，为企业和学生提供全方位的支持服务，包括职业技能培训、技术评估、就业指导等，帮助学生提升技术水平和就业能力，帮助企业提高生产效率和技术水平。通过这些服务平台，现代学徒制不仅促进了职业教育与产业发展的紧密结合，也为区域经济的发展注入了新的活力和动力。

现代学徒制还通过举办各种校企合作交流活动、技能竞赛和职业培训讲座，搭建学校、企业和政府之间的沟通桥梁，促进各方在教育教学和生产实践方面的合作与交流。这些活动不仅有助于提升现代学徒制的知名度和影响力，也为参与各方提供了更多的合作机会和资源支持。

2.现代学徒制育人模式运行路径

（1）构建特色课程体系

紧扣现代学徒制核心理念，构建特色课程体系，通过将学校教育、企业培训和职业实践有机结合，实现了学校、企业和政府在课程设计、教学实施和实践训练等方面的深度融合。

（2）共建双导师制度

紧扣现代学徒制核心理念，共建双导师制度，通过将学校教育与企业培训有机结合，实现了学校、企业和政府在导师选拔、培养方案制定和实践指导等方面的深度融合。

（3）建立质量保障体系和多元评价机制

紧扣现代学徒制核心理念，建立质量保障体系和多元评价机制，通过构建一个综合性、系统化的质量保障和评价体系，实现了学校、企业和政府在教学质量监控、课程实施评价和实践效果评估等方面的深度融合。

（4）共建现代学徒制协同育人的长效机制

紧扣现代学徒制核心理念，共建现代学徒制协同育人的长效机制，通过构建一个系统化、可持续的合作管理和协调机制，实现了学校、企业和政府在人才培养、教育教学和实践训练等方面的深度融合。

2022 年，湖南省正式印发了《湖南省"十四五"建筑节能与绿色建筑发展规划》，推动湖南省转变高碳排放的城乡建设发展方式，改善提升人居环境，是实现国家"双碳"目标、有效应对气候变化的重要举措；湖南省的职业教育也迎来了巨大的机遇，因此，有必要对湖南省绿色建筑装饰产业环境下的高等职业教育产教融合进行深入研究。

　　湖南大众传媒职业技术学院室内艺术设计专业于 2018 年开始实施湖南省首批现代学徒制试点，长期坚持"产教融合"这一基本理念，按照把专业建在产业链上的总体思路，建立了绿色设计、智慧家居环境设计、装配化装修、适老化产品创意设计、智慧社区管理等重点方向。项目以政府、学校、企业、社会"四方联动"为抓手，在教师、教材、教法等方面取得了初步成效，特别是形成了"以赛促教"的现代学徒制师资特色做法，助力打造中国特色现代学徒制三教改革新高地。

　　团队由省级创新教学团队教师和有多年企业经验的教师组成的"双师型"教学团队共同打造。产教融合共建现代学徒制实训基地、建筑装饰材料与工艺实训室，配备大赛训练、证书考核设备，保证专业技能的培养。围绕"岗课赛证"融通，多维度多元化开展综合评价。以培养学生职业核心能力为导向，制定学生成长路线。同时引入装饰行业工业化、绿色化、数字化发展新趋势、新业态、新模式，树立对装饰行业的信心和勇于担当的责任使命。

　　通过现代学徒制，招生即招工，校企双主体协同育人，双导师开展教学，双课堂培养技能。第一课堂进行知识学习、技能训练、思政浸润，实练实操夯实基础；第二课堂包括技能大赛、考证培训、校企合作项目，实操实干拔高技能。在学习中提升技能，在实践中形成素养，做中学、学中做，实现学生向准员工的培养。

行业企业名师于企业现场授课现代学徒制班级

　　校企并进强化职业素养,"七环四练"夯实技能基础。学习过程分为"自主探究—课堂实践—拓展提升"三个阶段,任务驱动七环节贯穿始终,"课前线上预练,课中软件仿练、实操演练、课后项目真练"四练步骤层层递进,提升专业技能,使学生通过"理论—实操—试错—纠错—熟练—提升"的闭环学习过程,有效达成素质、知识、能力目标。

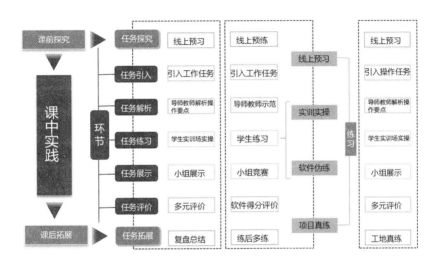

教学具体实施过程

湖南大众传媒职业技术学院现代学徒制实训场地

湖南大众传媒职业技术学院现代学徒制材料施工工艺实训场地

华浔品味装饰公司企业师傅在校外实训基地给学生进行耐心的专业辅导

千思装饰公司企业师傅在校外实训基地给学生进行耐心的专业辅导

在基于真实项目的"三保四转五接六联通"现代学徒制实施框架下，校企合作、产教融合深度发展，学生的专业技能持续提升，根据采集到的行业协会评价、企业评价、学生互评、教师评价以及竞赛成绩等数据显示，我们发现学生在实施学徒制试点后能够合理地进行团队分工，以高效完成设计任务，课后测试的平均分达到了 85 分，这表明学生们在能力目标上取得了显著的成就。室内艺术设计专业学生就业率每年达到了 90% 以上的就业率，有95% 的学生能够准确描述并解释设计任务的核心原理和方法，显示出对所学知识的深刻理解和应用能力。同时，随着室内艺术设计专业在社会和行业影响力不断提升对培养高素质的技术技能人才起着重要的促进作用。

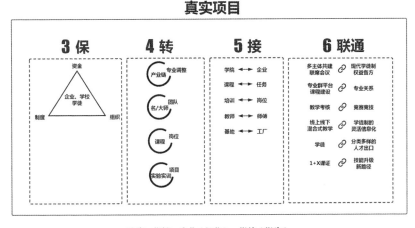

"三保四转五接六联通"现代学徒制实施框架

校企合作与企业共建"现代学徒制基地"；与企业共办 2024 年全国院校室内设计技能大赛等形式，多模式合作促进室内艺术设计人才培养主体多元化。共同重构课程体系、人才培养目标、共商教学策略、共研评价系统、共同负责课堂教学。室内艺术设计专业学生参加职业技能竞赛，获全国二等奖 1项、全省一等奖 4 项、二等奖 4 项，三等奖 8 项。

二、产教融合校企一体化模式创新对策

（一）创建校企合作办学制度

创建校企合作办学制度，通过构建一个系统化、规范化的合作管理和运行机制，实现了学校、企业和政府在人才培养、教育教学和实践训练等方面的深度融合。这种模式不仅促进了职业教育的改革与发展，提高了学校的人才培养质量和企业的技术创新能力，还推动了区域经济的发展和产业升级。通过合作办学制度的建设和完善，可以有效促进产教融合与校企一体化，实现各方的共赢与协同发展，推动教育与经济的协调发展和社会的进步。

（二）共建治理结构

共建治理结构在推动产教融合与校企一体化中具有重要意义。通过构建一个系统化、规范化的治理结构，实现各方资源的有机整合和优势互补，培养高素质技术技能人才。共建治理结构，不仅是这一模式的核心内容，也是实现其培养目标的关键路径之一。

共建治理结构的核心在于建立高效的合作管理和运行机制，使学校、企业和政府能够在人才培养、教育教学和实践训练等方面实现深度融合。具体而言，学校通过共建治理结构，与企业共同制定人才培养方案，将理论教学与企业实际操作紧密结合，为学生提供扎实的理论基础和丰富的实践机会。企业则通过参与治理结构，提供专业的技术指导和培训支持，确保实践教学环节的规范性和有效性。企业还可以借助共建治理结构的平台，参与学校的教学评估和改进，帮助学生解决在学习和实习中遇到的实际问题，从而提升整体教学效果。政府在这一过程中发挥着重要的引导和支持作用，通过政策支持、资金投入和监管服务，营造良好的合作环境，保障治理结构的科学性和规范性。

（三）强化校企合作机制创新建设

1.加强实训基地的建设，产生健康发展的态势

加强实训基地的建设，通过构建一个系统化、规范化的合作管理和运行机制，实现了学校、企业和政府在人才培养、教育教学和实践训练等方面的深度融合。这种模式不仅促进了职业教育的改革与发展，提高了学校的人才培养质量和企业的技术创新能力，还推动了区域经济的发展和产业升级。通过实训基地建设的完善，可以有效促进产教融合与校企一体化，实现各方的共赢与协同发展，推动教育与经济的协调发展和社会的进步，从而形成健康发展的态势。

2.创建产学研合作委员会及专业理事会

创建产学研合作委员会及专业理事会在推动产教融合与校企一体化中具有重要意义。通过建立一个系统化、规范化的管理和协调机制，能够有效整合学校、企业和科研机构的资源，实现各方优势互补，共同培养高素质技术技能人才。产学研合作委员会及专业理事会的创建，不仅是这一模式的核心内容，也是实现其培养目标的关键路径。

创建产学研合作委员会的核心在于建立高效的合作管理和运行机制，使学校、企业和科研机构能够在人才培养、教育教学和科研创新等方面实现深度融合。具体而言，学校通过产学研合作委员会，与企业和科研机构共同制定人才培养方案，将理论教学与企业实际操作和科研实践紧密结合，为学生提供扎实的理论基础和丰富的实践机会。企业则通过参与产学研合作委员会，提供专业的技术指导和培训支持，确保实践教学和科研环节的规范性和有效性。企业和科研机构还可以借助产学研合作委员会的平台，参与学校的教学评估和改进，帮助学生解决在学习和科研中遇到的实际问题，从而提升整体教学效果和科研水平。政府在这一过程中发挥着重要的引导和支持作用，通

过政策支持、资金投入和监管服务，营造良好的合作环境，保障产学研合作委员会的科学性和规范性。

3. 强化国际沟通和合作，展开国际化办学

强化国际沟通和合作，展开国际化办学在推动产教融合与校企一体化中具有重要意义。通过构建一个系统化、规范化的国际合作和沟通机制，能够有效整合全球教育资源和产业优势，实现各方资源的有机整合和优势互补，培养具备国际视野和竞争力的高素质技术技能人才。强化国际沟通和合作，展开国际化办学，不仅是这一模式的核心内容，也是实现其培养目标的关键路径。

强化国际沟通和合作，展开国际化办学，通过构建一个系统化、规范化的国际合作管理和运行机制，实现了学校、国际企业和科研机构在人才培养、教育教学和科研创新等方面的深度融合。这种模式不仅促进了职业教育的改革与发展，提高了学校的人才培养质量和企业的技术创新能力，还推动了区域经济的发展和产业升级。

（四）共创培养模式

我国快速消费品大型连锁商业企业作为新型的生产性服务业，不仅发展速度较快，而且具备自身独特性，相比于传统服务业，其较为显著的特征是工作岗位的信息化程度较高、职业活动较繁杂，所以人力资源的开发与职工团队的培训普遍受到企业的关注与重视。一定程度上说，高素质高技能人才的培养与使用潜移默化地影响着企业发展，并对企业的核心竞争力有着决定性作用。基于校企合作、工学结合的模式框架下，高校在有效结合长线专业和短期培训的基础上，逐步探索并实行了"3+1"与"专班"的人才培养模式，以更好地满足企业发展与现实用工的需求。

1. "3+1" 人才培养模式

通过构建一个系统化、规范化的人才培养机制，实现学校教育与企业实

践的有机结合，培养高素质技术技能人才。该模式旨在将三年的校内理论学习与一年的企业实践紧密结合，不仅是这一模式的核心内容，也是实现其培养目标的关键路径。

"3+1"人才培养模式的核心在于建立高效的合作管理和运行机制，使学校和企业能够在人才培养、教育教学和实践训练等方面实现深度融合。具体而言，学生在前三年进行校内的理论学习，接受系统的专业知识教育，打下扎实的理论基础。在此期间，学校通过与企业的紧密合作，引入企业实际案例和技术讲座，增强学生对专业知识的实际应用能力。企业则通过提供技术指导和课程支持，确保理论教学与行业前沿的紧密结合，提升教学效果和实用性。

第四年，学生进入企业进行为期一年的实践训练，直接参与企业的生产和项目运作，积累丰富的实际操作经验。这一年的企业实践不仅让学生将所学知识应用于实际工作中，还使其熟悉企业运作流程，提升职业素养和综合能力。企业在此过程中提供专业的技术指导和岗位培训，帮助学生迅速适应工作环境，提高自身的职业竞争力。此外，企业还可以借助这一平台，提前考察和选拔优秀人才，为企业的人才储备提供保障。

政府在这一过程中发挥着重要的引导和支持作用，通过政策支持、资金投入和监管服务，营造良好的合作环境，保障"3+1"人才培养模式的科学性和规范性。政府还可以通过设立专项基金和奖励机制，鼓励学校和企业积极参与合作，推动这一模式的健康发展。

"3+1"人才培养模式还包括建立健全的沟通和反馈机制，通过定期的校企合作交流会、质量评估会议等，搭建学校、企业和政府之间的沟通桥梁，促进各方在教育教学和实践训练方面的合作与交流。学校和企业可以通过这些平台，分享各自的教学经验和实践成果，共同探讨和解决人才培养过程中遇到的问题和挑战，提升这一模式的有效性和科学性。

此外，"3+1"人才培养模式还需注重灵活性和多样性，根据产业发展的需要和岗位要求，及时调整和更新人才培养方案和教学内容，确保学生掌握最新的技术和知识。通过这种灵活的教学模式，学生不仅能够掌握扎实的理论基础，还能通过企业实践积累丰富的实际操作经验，从而提高自身的职业素养和就业竞争力。

总之，"3+1"人才培养模式，通过构建一个系统化、规范化的合作管理和运行机制，实现了学校、企业和政府在人才培养、教育教学和实践训练等方面的深度融合。这种模式不仅促进了职业教育的改革与发展，提高了学校的人才培养质量和企业的技术创新能力，还推动了区域经济的发展和产业升级。通过"3+1"人才培养模式的建设和完善，可以有效促进产教融合与校企一体化，实现各方的共赢与协同发展，推动教育与经济的协调发展和社会的进步。

2."专班"人才培养模式

"专班"人才培养模式在推动产教融合与校企一体化中具有重要意义。通过构建一个系统化、规范化的人才培养机制，实现学校教育与企业实践的有机结合，培养高素质技术技能人才。"专班"模式旨在根据企业需求量身定制人才培养方案，结合专业课程和企业实际操作，不仅是这一模式的核心内容，也是实现其培养目标的关键路径。

学生在"专班"学习期间，不仅接受系统的理论教育，还能参与企业的实际项目和生产实践，积累丰富的实际操作经验。这种双元制的教学模式，使学生能够将所学知识应用于实际工作中，熟悉企业运作流程，提升职业素养和综合能力。企业在此过程中提供专业的技术指导和岗位培训，帮助学生迅速适应工作环境，提高自身的职业竞争力。此外，企业还可以借助这一平台，提前考察和选拔优秀人才，为企业的人才储备提供保障。

随着互联网信息量越来越大，为了确保信息的合法性和规范性，党的政府工作报告明确提出，要加强互联网内容建设，建立网络综合治理体系，营造清朗的网络空间，各大新闻平台如腾讯、新浪、东方、今日头条等，短视频平台如抖音、西瓜视频、快手短视频、火山、微视等都需要大量网络视听节目内容审核的专业人员。湖南大众传媒职业技术学院作为湖南省"楚怡"高水平学校、湖南省内唯一的传媒类高职院校，积极主动与国内首家国有控股的视频平台、六度蝉联《世界媒体500强》的芒果TV强强联合，共建国内最早和高职唯一的网络视听节目内容审核实训基地。创造性开展主流意识形态教育和网络安全人才孵化工作，为湖南省乃至全国网络宣传领域的校企合作探索出更加有效的创新模式。

（一）模式提炼

以校内实训基地为依托，实现三年的校内理论学习与一年的企业实践紧密结合，达到"育人链"＋"产业链"无缝对接。

校内实训基地是提升学院人才培养质量的推手，随着智能手机的普及和互联网信息量的剧增，网络视听节目产业呈现集群式发展，倒逼学院进行相关专业人才"换血式"改革，学院基于实训基地的建设和运行，整合了行业龙头企业，驱动师资、技术、专业、课程建设，培养了一批批能把关、擅沟通、懂技术、有创意的传媒人才，让"专班"模式从产教融合中找准了突破口；基地聚集校企优质资源，"以育人为核心"有效匹配学院人才培养与产业人才需求的契合度；通过"专班"模式，也带动学院各专业获取了更大的育人和社会服务效应，提高了学院社会认可度和知名度，助推学院内涵式发展。企业通过基地实现外延的扩大，产效能进一步提升。

（二）具体做法

1.共建芒果TV内容审核校内实训基地

为培养适应新时代网络视听行业发展所需要的复合型审核人才，双方共投资300多万元完成200㎡实训基地基本建设。基地结合服务定位、保密需求、承接人次、教师规模、场地面积等情况合理配置设施设备，同时接入了高保密性的电信商务专线宽带、服务器、数据平台等互联网设施。实训基地每次能够同时满足 100 人参加培训、学习，也能满足 100 人同时展开网络视听节目内容审核。

实训项目基地在建立方向上实现产业导向，技能为本，紧密围绕湖南文化产业对高技能人才的需要，重视产业发展中技能需求变化的研究，依据产业需求进行网络视听审核项目设计，着眼于学生专业技能提升。

2. 坚持真实项目导向，落实"双主体"育人

实训基地以培养适应新时代要求的复合型审核人才为目标，将视频网络平台的内容审核需求与学院人才培养相结合，坚持项目导向，全面落实学校和企业共同管理"双主体"的责任。在项目实施过程中，明确学院校企合作办和芒果 TV 宣传管理中心为校企双方基地管理的统筹部门，芒果 TV 内联合片源审核部、信息审核部等部门进行业务培训和管理。

基地运营不仅继承学院产教融合匠心培育的特色，更是创新性的转识成智，凸显育人效能。将知识转变为智能，将现代化企业管理纳入技能管理，通过细化考核评价机制，采用计分考核模式，设立不同金额、类型的奖助补贴，来鼓励参训学生的学习和实践热情。学生与正式员工同步学习、工作，感受企业氛围，磨炼实战技能。校企基地日常管理中会给予实训生人均 1000

学生在开展审核复盘会

元标准的补贴，并伴随有月度、季度考核奖励，特殊情况下还会给予免费午餐和一定的住宿补贴，确保实训生可以全身心投入学习实践。

3.优化校企合作，实现多维融合

通过不断优化校企合作，将学校和企业紧密多维融合，不仅提升了学院、专业群、教师创新团队等整体能力的提升，同时也把职业素养深植学生心中，造就了一批专业技术精、实践能力强、思想品格好、与企业高度接轨的高技术人才。在专业和课程建设上，校企与项目主要依托的新闻采编与制作专业共商专业发展规划，确定人才培养的定位于目标、人才培养方案。同时加强专业教师带课题到企业实践和调研，了解本行业生产、技术、科技的最新动态、最新信息，及时掌握企业对技能人才素养要求；共同制定科学系统的课程培训体系，将专题培训、模拟实操、定期考核、前沿探索、线上课程、线下分享等模块系统化的融入实训全过程；在师资队伍上，学院充分利用实训项目的开展，选聘芒果 TV 的能工巧匠、技术技能骨干担任实训基地教师，选派校内专业教师开展企业化订单培训，实现了基地教师"混编制"队伍；在教学上，实现了知行合一，企业进校园，基地配备了以企业为主导的 30 个课程导师团队，研发了完善的导向安全课程体系，健全从理论到实操、从法规到细则、从概述到研讨系统授课模式，教学与工作实际完全融合。每一届学

学生在基地进行实践

生在入职实训基地前都将开展为期半个月的九大类审核专项培训，在基地实训期间也将由校企教师共同开展定期复盘会、集中学习等等。学生实训期间做到企业导师 1∶1 配套。在文化上，基地完全营造企业实景环境，工作任务完全是实战，学生身份与员工身份于一体，在实训过程中感悟职业文化，培养在校学生对企业文化的认同感。

4. 实训与就业一体化

基地运营 6 年来，共完成 9 届 15 批次实训生招募选拔和跟踪培养，共招募选拔了 912 名实训生。校企实训基地在招募实训生时，有一整套完整的招募方案，学生通过宣讲、笔试、面试、培训、动员等环节成为校企基地实训生。每一届实训生都与企业签订实习实训协议。基地第一年共 72 人实训生从学院毕业，自愿报名应聘芒果 TV 的人数为 35，最后录取人数 21，占比是 60%，其余对口进入其他平台的实训生 48 人，基地对口就业率达 95%。第二年，基地有 52 人从学院毕业，入职报名 14 人，录取 7 人，录取比例是 50%，对口进入其他网络视频平台就业的有 43 人，基地对口就业率 96%。随着基地项目的不断推进、成熟，芒果 TV 进一步扩充岗位类别，供实训生多种选择，就业率逐年攀升，实现了招募选拔、实训和就业一体化。

5. 政治引领、思政铸魂

网络视听内容审核是一项事关网络信息向外传播合法性、规范性的极其重要的工作，审核人员肩负着新闻舆论工作者特殊的职责使命。在项目实训中，校企双方要求参与内容审核实训项目的学生，坚持正确政治方向、正确舆论导向、正确新闻志向和正确工作导向，牢记党的新闻舆论工作职责使命，继承和发扬党的新闻舆论工作优良传统，积极传播社会主义核心价值观，同时，结合项目实训内容，引导学生树立适应社会需求的价值取向，切合学生最喜欢的互联网形式，增强学生服务国家，服务人民的社会责任感，提升学生专业实践能力，培养学生成长为综合能力突出并富有道德责任感的时代青年。

实训基地学生参与中国网络诚信大会

总之，"专班"人才培养模式，通过构建一个系统化、规范化的合作管理和运行机制，实现了学校、企业和政府在人才培养、教育教学和实践训练等方面的深度融合。这种模式不仅促进了职业教育的改革与发展，提高了学校的人才培养质量和企业的技术创新能力，还推动了区域经济的发展和产业升级。通过"专班"人才培养模式的建设和完善，可以有效促进产教融合与校企一体化，实现各方的共赢与协同发展，推动教育与经济的协调发展和社会的进步。

第四节　产教融合与校企一体化的专业建设

　　专业是高校办学的核心，良好的专业结构在社会转型期将决定学院的生存和发展。专业是高校开展教学活动的基本单元和各项资源配置的平台，也是教育内涵建设和特色彰显的主要标志，更是开展人才培养模式改革的平台和载体，以专业建设为抓手，开展课程建设、师资队伍建设、实训基地建设及教学模式改革是高校的普遍共识。

　　产教融合与校企一体化的专业建设是当前职业教育改革的重要方向，旨在通过产业与教育的深度合作，实现教育资源与企业需求的有效对接，提高教育质量和人才培养的针对性与实用性。

　　1.产教融合的核心在于构建校企合作的长效机制

　　这要求学校与企业之间建立紧密的合作关系，共同参与专业设置、课程开发、教学实施、实习实训等各个环节。通过校企双方的共同努力，可以确保教育内容与企业实际需求相符合，提高学生的实践能力和就业竞争力。

　　2.专业建设需要紧跟产业发展的步伐

　　学校应密切关注产业发展趋势和人才市场需求，及时调整专业设置，更新课程体系。同时，学校还应加强与行业协会、企业研究院等机构的合作，引入行业标准和先进技术，提高专业建设的前瞻性和先进性。

　　3.实践教学是校企一体化专业建设的关键环节

　　学校应与企业共同建设实习实训基地，为学生提供真实的工作环境和实践机会。通过参与企业的实际项目和工作流程，学生可以加深对专业知识的理解和应用，培养解决实际问题的能力。

4. 双师型教师队伍建设是提高专业教学质量的重要保障

学校应加强教师的培训和企业实践，提升教师的教育教学能力和工程实践经验。同时，学校还应积极引进企业的技术人员和管理人员担任兼职教师，丰富教学内容，提高教学的实践性和针对性。

数智时代，传统电商人才培养模式已无法满足市场需求。以湖南大众传媒职业技术学院管理学院电子商务专业群为例，该学院探索产教融合模式，推动专业群建设。在"新双高"职教新理念的指引下，实施了由学校与多家企业参与的"1+N"共建共管模式，实施"一对接五融合"运行机制，打造电子商务专业群"行—校—企"协作共同体协同育人模式，按规划分步建设运行"一平台、三工场、四中心"产教融合实训基地；在建设运行过程中，精准把握数智时代新商科企业人才培养需求，实施"学岗共振"人才培养模式，构建专业群"四三四"模块化课程体系，校企共育"虚实链接"的教学要素，并成功实践了"共享共赢"的社会服务模式，满足多元人才培养需求。

电子商务为主体的相关专业都是实践性很强的学科，随着经济的快速发展和产业结构数字化转型调整，社会对高素质、新时代电商专业人才的需求不断增加，只有通过实际操作和实践能力的同时培养，才能使学生具备相关的职业素质，在竞争日益激烈的就业市场上先人一步。在此背景下，管理

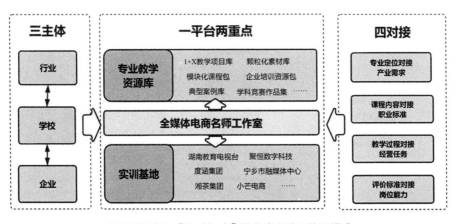

电子商务专业"行-校-企"协作专业建设协同模式

学院深入研究、积极响应《教育部关于深化产教融合推进协同育人的指导意见》，通过驻企工作站、电商工厂等方式与企业展开深度合作，将理论知识与实践操作相结合，针对市场需求优化电子商务专业群体系结构，携手湖南省电商行业协会，联合聚恒数字科技、度涵文化传媒、湖南教育电视台、等机构，并与湘潭大学、长沙民政职业技术学院、湖南科技职业学院等高校紧密合作，融合电子商务、传媒策划、文化创意及大数据会计等多个专业领域，成立"行—校—企"协作共同体。创新"1324"协同模式，即以全媒体电商名师工作室为平台，学校、企业、行业三大主体联合，以共建共享资源库和实训基地为重点，实现专业定位与产业需求、课程内容与职业标准、教学过程与经营任务、评价标准与岗位能力四个对接。

　　管理学院电子商务专业群积极引入行业、企业标准，采用"过程＋项目＋职业素养"的评价机制，突出学生评价的过程性、发展性、增值性，促使学生全程参与，将子模块的知识目标、能力目标和素质目标落到实处，促进学生综合素质和专业能力同步提升。管理学院聚焦全媒体电商三大岗位群，校企联合成立模块化课程组，实施"项目主导、多师联教"。团队通过集体备课、协同教研等活动，将企业项目拆解为模块化任务，并转化为模块化教学

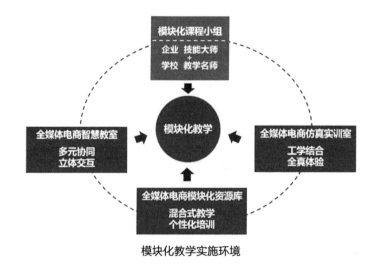

模块化教学实施环境

单元，构建实战导向的模块化教学体系。重点打造专业核心课模块的 8 门模块化课程，并开发配套的系列新形态教材。小组分工协作进行教学实施，发挥各自在思政教育、专业教学和实践指导等方面的特长，形成各具特色的教学风格，达成复合型人才培养的目标。

管理学院电子商务专业从专业群建设之初，在政府和学校主导下，对接企业需求，吸收企业力量，系统性进行实训基地建设运营规划，与时俱进提出"产教融合综合体"职教新理念，形成教育链连接产业链的人才培养新路径；在职教新理念的指引下，实施由学校与多家企业参与的"1+N"共建共管模式，实施"一对接五融合"运行机制，打造电子商务专业群"行－校－企"协作共同体协同育人模式，按规划分步建设运行"一平台、三工场、四中心"产教融合实训基地；在建设运行过程中，精准把握数智时代新商科企业人才培养需求，实施"学岗共振"人才培养模式，构建专业群"四三四"模块化课程体系，校企共育"虚实链接"的教学要素，并成功实践了"共享共赢"的社会服务模式，满足多元人才培养需求；在分步实施中，注重与行业企业的双向沟通反馈，确保教学内容与要素随生产同步更新，保障人才培养质量。

综上所述，产教融合与校企一体化专业建设是一项系统工程，涉及专业设置、课程开发、实践教学、师资队伍建设、质量监控、政策支持等多个方面。通过校企深度合作，紧跟产业发展趋势，加强实践教学，建设双师型教师队伍，建立质量监控和评价体系，可以得到有效的实施。这不仅有助于提高职业教育的质量和适应性，而且可以为社会培养出更多高素质、高技能的人才，满足经济社会发展的需求。

第五节　产教融合与校企一体化的师资队伍建设

产教融合与校企一体化的师资队伍建设是推动职业教育高质量发展的关键措施。这一概念强调通过学校与企业的紧密合作，共同培养具备理论知识和实践技能的"双师型"教师，以满足行业需求和提升教育质量。

首先，校企一体化的师资队伍建设要求学校与企业建立长期稳定的合作关系。这种合作可以采取多种形式，如企业技术人员到学校兼职任教，或学校教师到企业实践锻炼，以此实现教师与企业实践的紧密结合。通过这种合作，教师能够及时了解行业的最新动态和技术发展，将这些知识和技能融入教学中，提高教学的实践性和针对性。

其次，为提升教师的实践教学能力，需要制定相应的教师资格标准和专业技术职务（职称）评聘办法。这些标准和办法应当体现"双师型"教师的特点，即既要有扎实的专业知识，又要有一定的实践经验。同时，鼓励教师参与企业实际项目，通过实践提升自身的专业技能和教学水平。这种实践经历不仅能够增强教师的专业素养，还能够提高教师解决实际问题的能力。

此外，校企一体化的师资队伍建设还涉及教师培训机制的创新。通过校企合作，可以共同开发培训项目，为教师提供专业技能和教学方法的培训，确保教师能够适应快速变化的技术和教育需求。这些培训项目可以包括新技术的培训、教学方法的研讨、课程开发的指导等，旨在提高教师的专业能力和教学水平。

在政策层面，政府出台了一系列措施以支持校企一体化的师资队伍建设，如提供政策引导、资金支持和制度保障。这些政策旨在鼓励和促进学校与企业之间的合作，构建多元化的教师培养和培训体系。政府可以通过设立专项基金、提供税收优惠、建立校企合作平台等方式，为校企合作提供支持和便利。

最后，校企一体化的师资队伍建设还需要注重教师的职业发展和激励机制。通过建立合理的评价和激励体系，可以激发教师参与校企合作的积极性，促进教师专业成长和教学创新。这种评价和激励体系应当综合考虑教师的教学业绩、科研成果、社会服务等多个方面，形成全面、客观、公正的评价机制。

综上所述，产教融合与校企一体化的师资队伍建设是一个系统工程，需要政府、学校和企业的共同努力和协作，以培养适应新时代发展需求的高素质"双师型"教师队伍。这种合作不仅能够提高教师的专业素养和教学能力，还能够促进教育与产业的深度融合，为社会培养更多的高素质技术技能人才。

当前各类媒体发展迅速，作为以职业教育为核心的高职院校，湖南大众传媒职业技术学院与湖南广播电视台国际频道强强联合，以习近平对新时代职业教育工作的重要指示为指导思想，秉持立足中国大地，讲好中国故事，传播好中国声音、展示真实、立体、全面的中国的重要使命，走出了一条校企合作育人、合作生产、合作发展的新路子。湖南广播电视台国际频道为校方提供一线人才需求动态，并参与共建专业人才培养方案制定与论证，接纳学校老师在企方挂职锻炼、参与项目内容生产。

湖南大众传媒职业技术学院与湖南广播电视台国际频道合作，联合策划并录制了湖南省首档电视青年励志公开课《马栏山上课了》，邀请传媒界及文化界的大咖作客节目开讲。《马栏山上课了》自开播以来，先后邀请湖南卫视频道声音形象代言人丁文山、湖南人民广播电台首席主持人董国生、5G智慧电台首席内容执行官董晓、中南大学文学与新闻传播学院教授、博士生导师杨雨等专家学者，为教师们带来最前沿的专业信息，分享从业经验、解答职业困惑，在推动职业教育高质量发展中闯出新路子。

湖南大众传媒职业技术学院领导、老师与杨雨老师合影

　　播音与主持专业带头人李兵建立大师工作室并成立项目中心，全面承担湖南广播电视台国际频道周播节目《世界看湖南》栏目的创意、策划、录制、主持和后期制作；李兵大师工作室承办湖南省委宣传部主办的新湖南微视频微电影大赛，并在湖南国际频道播出；湖南国际频道与我校教师共同策划并录制专题节目《重走习总书记走过的路》，后续在湖南国际频道播出；真正实现了"专业共建"；与我校教师共同探索人才培养模式、开发课程体系、编订教学大纲，并在培养"双师型"教师等方面步入更深层次的融合，真正实现了"人才共育"；使教师在专业实训中，更能突出职业技能训练的灵活性和开放性，使湖南广播电视台国际频道真正成为校内生产性实训和顶岗实习基地，成为教师的实践基地和兼职教师的重要平台；教师通过基地实践获得了节目制作的间接经验和直接体验，培养了电视节目生产的先进理念，学会了交流沟通和团队合作，理解、内化传媒精神，更好地为就业与创业服务；同时也为国际频道节约了建设成本，降低了节目生产费用。《马栏山上课了》是湖南大众传媒学院和湖南国际频道《世界看湖南》栏目组联合打造的湖南省首档电视青年公开课，给今后的课程思政改革提供了一种全新模式。

吕新艳老师与嘉宾郭晓芳的访谈互动环节

　　在校企合作过程中也引发了以下几点思考：首先，校企深度合作一定要建立利益共享机制，这样才能够促进校企双方协同发展；其次专业教师要具备开发教学资源，把企业或频道资源转化为教学资源的能力；校企双方一定要建立师资沟通协调的机制，最终达到共同发展、合作共赢的效果。

　　在实施过程中，还需要关注以下几个方面：①加强顶层设计，明确校企一体化师资队伍建设的目标、原则和路径。政府、学校和企业应当共同参与，形成合力，确保校企一体化师资队伍建设的顺利实施。②建立校企合作的长效机制，确保校企合作的稳定性和持续性。可以通过签订合作协议、建立校企合作委员会等方式，加强校企之间的沟通和协调。③创新教师培养模式，探索多元化的教师培养途径。除了传统的学历教育和在职培训外，还可以通过企业实践、项目研究、国际交流等多种形式，培养教师的实践能力和创新精神。④加强教师的职业指导和服务，帮助教师规划职业发展路径。学校和企业应当为教师提供职业发展咨询、职业规划指导等服务，帮助教师明确职业目标，提升职业竞争力。⑤建立校企一体化的教师评价体系，形成科学、合理的评价标准。评价体系应当综合考虑教师的教学业绩、科研成果、社会服务等多个方面，形成全面、客观、公正的评价机制。⑥加强教师的思想政治教育，培养教师的职业道德和责任感。教师不仅要具备专业素养，还应当具备良好的职业道德和责任感，为学生树立榜样。⑦建立校企一体化的教师激励机制，激发教师的工作热情和创新精神。可以通过设立教学奖励、科研奖励、社会服务奖励等方式，激励教师积极参与教育教学改革和科研创新。⑧加强教师的国际视野培养，提升教师的国际化水平。通过国际交流、海外培训、国际合作等方式，拓宽教师的国际视野，提升教师的国际化水平。⑨加强教师的信息化能力培养，适应教育信息化的发展需求。教师应当掌握现代教育技术，利用信息技术提高教学效果，推动教育教学改革。⑩加强教师的终身学习能力培养，形成终身学习的理念。教师应当具备终身学习的能力，不断更新知识，提升自身素质，适应教育改革和发展的需要。

通过上述措施的实施，可以有效地推动产教融合与校企一体化的师资队伍建设，培养一支高素质、专业化、创新型的教师队伍，为职业教育的高质量发展提供有力的人才支撑。

第六节　新媒体时代产教融合质量评价体系构建与劳动教育策略

一、新媒体时代产教融合质量评价体系构建

产教融合是职业教育发展的重要趋势，要求教育与产业紧密结合，以更好地适应经济发展的需要。新媒体技术的引入，为职业教育提供了新的工具，使得教育内容更加丰富，教学方式更加多样化，同时也为产教融合提供了新的可能性。通过虚拟现实、在线学习平台、互动式教学软件等新媒体技术，学生可以更直观地理解和掌握专业知识，提高学习的效果和兴趣。企业也可以通过新媒体技术与学校开展更加深入的合作，实时分享行业最新动态和技术要求，帮助学校调整课程内容和教学方法，使教育更加贴近产业需求。因此，探究新媒体技术对职业教育产教融合体制创新的影响，对于理解和指导当前以及未来职业教育的发展具有重要意义。通过新媒体技术的应用，可以实现教育资源的共享和优化配置，推动职业教育与产业的深度融合，为社会培养出更多符合经济发展需求的高素质技能人才。

（一）新媒体技术对大学生职业教育体制变革的影响

1.新媒体技术促进大学生职业教育课程内容创新

新媒体技术的广泛应用，对教育领域产生了深远的影响。在职业教育领域中，这种影响尤为显著，不仅改变了教学方法，还促进了教育体制的创新，特别是在产教融合方面。产教融合是职业教育发展的重要趋势，要求教育与产业紧密结合，以更好地适应经济发展的需要。新媒体技术的引入，为职业

教育提供了新的工具，使得教育内容更加丰富，教学方式更加多样化，同时也为产教融合提供了新的可能性。通过虚拟现实、在线学习平台、互动式教学软件等新媒体技术，学生可以更直观地理解和掌握专业知识，提高学习的效果和兴趣。企业也可以通过新媒体技术与学校开展更加深入的合作，实时分享行业最新动态和技术要求，帮助学校调整课程内容和教学方法，使教育更加贴近产业需求。因此，探究新媒体技术对职业教育产教融合体制创新的影响，对于理解和指导当前以及未来职业教育的发展具有重要意义。通过新媒体技术的应用，可以实现教育资源的共享和优化配置，推动职业教育与产业的深度融合，为社会培养出更多符合经济发展需求的高素质技能人才。

新媒体技术的广泛应用对大学生职业教育课程内容的创新起到了重要促进作用。通过虚拟现实技术，学生可以进入仿真的工作环境，进行实际操作练习，提高实践技能。例如，医学专业的学生可以通过虚拟手术系统进行手术模拟，熟悉操作流程，减少实际操作中的失误风险。在线学习平台则使得教育资源更加丰富，学生可以随时随地获取最新的学习资料和课程，打破了传统课堂的时间和空间限制，促进了个性化学习的发展。互动式教学软件可以增强师生之间的互动，激发学生的学习兴趣，使课堂教学更加生动有趣。新媒体技术还可以使教育内容更加多样化和动态化。例如，通过多媒体课件、动画视频等形式，将抽象的理论知识具体化、生动化，帮助学生更好地理解和记忆。此外，企业可以通过新媒体技术与学校建立更加紧密的联系，及时反馈行业发展趋势和用人需求，帮助学校调整课程设置和教学内容，提高课程的实用性和前瞻性。因此，新媒体技术不仅促进了大学生职业教育课程内容的创新，还推动了教育与产业的深度融合，为培养适应未来社会需求的高素质技能人才提供了有力支持。

2.新媒体技术在提高教学互动性方面的显著作用

新媒体技术在提高教学互动性方面发挥了重要作用，为教育领域带来了深刻变革，尤其是在职业教育中，极大地提升了教学效果和学生的参与度。

通过新媒体技术，教师可以采用更加灵活和多样化的教学手段，使课堂不再局限于传统的讲授模式，而是转变为一种互动交流的学习环境。

首先，互动式教学软件的应用显著增强了师生之间的互动。教师可以通过实时在线讨论、互动问答等形式，及时了解学生的学习状况和理解程度，并给予针对性的辅导和反馈。这样的互动不仅能够激发学生的学习兴趣，还能促进他们的主动思考和积极参与。例如，在线测验和即时反馈系统可以帮助学生在学习过程中及时发现和纠正错误，提高学习效率。

其次，虚拟现实技术为职业教育提供了沉浸式的学习体验，使学生能够在仿真的工作环境中进行操作练习。这种沉浸式的互动学习方式，不仅让学生能够更直观地理解和掌握专业技能，还能提升他们在实际工作中的应对能力。比如，在建筑工程类课程中，通过虚拟现实技术，学生可以模拟施工现场的各种操作，体验真实的工作环境和任务，增强实践能力。

再次，在线学习平台的普及，使得教师可以采用多种多样的教学资源，如视频讲解、动画演示、电子教材等，丰富教学内容。这些多媒体资源可以通过互动白板、在线论坛、直播课堂等形式进行展示和讨论，增加学生的参与度和互动性。学生可以在观看视频的过程中随时暂停、标注重点，并通过在线讨论区与教师和同学交流意见，进一步深化对知识的理解。

最后，新媒体技术还促进了教师之间的协作和教学资源的共享。通过网络教学平台，教师可以共同开发和分享优质的教学资源，交流教学经验和方法，提升整体教学水平。学生也可以通过这些平台参与到跨学科、跨学校的学习社区中，拓宽视野，增强学习的深度和广度。

综上所述，新媒体技术在提高教学互动性方面具有显著作用，通过多种互动工具和平台，极大地丰富了教学手段和资源，提升了学生的学习体验和教学效果。其应用不仅使课堂教学更加生动有趣，还促进了师生之间、学生之间的积极互动，推动了教育模式的创新和发展。通过新媒体技术的支持，职业教育得以更好地适应现代社会对高素质技能人才的需求，培养出具有创新精神和实践能力的优秀人才。

3.新媒体技术对大学生职业教育评价体系的深远影响

新媒体技术在大学生职业教育评价体系中发挥着重要作用，带来了深刻的变革和创新。通过新媒体技术，职业教育评价体系不仅变得更加多元化和灵活化，还提高了评价的科学性和公平性，极大地提升了教育质量和学生的学习效果。

首先，新媒体技术丰富了评价的手段和方式。传统的评价方式主要依赖于纸质考试和课堂表现，而新媒体技术引入了多种评价工具，如在线测评、电子档案、虚拟仿真测试等，使得评价方式更加多样化和灵活化。通过在线测评，学生可以在任何时间和地点进行考试，教师也可以通过系统自动批改和统计成绩，减少了人工批改的工作量，提高了效率和准确性。电子档案则可以记录学生在学习过程中的各项成果和表现，形成全面的个人学习档案，为综合评价提供了丰富的数据支持。

其次，虚拟仿真技术在职业教育评价中具有独特的优势。通过虚拟仿真实训平台，学生可以在仿真的工作环境中进行技能操作和任务完成，教师可以根据学生在仿真环境中的表现进行评价。这种评价方式不仅能够真实反映学生的实际操作能力和职业素养，还能够发现传统考试中难以评估的细节问题，提高评价的科学性和客观性。例如，在医学生的教育中，通过虚拟手术系统，学生可以进行各种复杂手术的模拟操作，教师可以根据学生的操作流程和结果进行详细的评价和反馈。

再次，新媒体技术还促进了评价的实时性和互动性。通过在线学习平台和互动式教学软件，教师可以实时监控学生的学习进度和表现，及时发现和纠正学生在学习过程中存在的问题。学生也可以通过在线平台与教师进行即时沟通，获得针对性的指导和帮助。这种实时互动的评价方式，不仅提高了教学的针对性和有效性，还增强了学生的学习积极性和参与度。

最后，新媒体技术在职业教育评价中还实现了数据驱动的精准评价。通过对学生学习数据的收集和分析，教师可以全面了解学生的学习行为和习惯，发现学习中的薄弱环节，制定个性化的教学方案和评价标准。数据驱动的评价方式，不仅提高了评价的科学性和准确性，还为教学改进和教育质量提升提供了有力支持。

总之，新媒体技术对大学生职业教育评价体系的影响是深远的，通过丰富评价手段、引入虚拟仿真、促进实时互动和实现数据驱动，极大地提升了评价的科学性、公平性和有效性。其应用不仅促进了职业教育的改革与发展，还为培养高素质技术技能人才提供了强有力的保障。通过新媒体技术的支持，职业教育评价体系得以不断优化和完善，推动了教育质量和学生职业素养的全面提升。

（二）产教融合下的新媒体教学方法创新

1.新媒体技术在实践技能培训中的应用

新媒体技术在实践技能培训中的应用通过虚拟现实、在线平台、互动软件和多媒体技术等手段，极大地丰富了培训内容和方式，提升了培训的效率，强化了培训的效果。其应用不仅使实践技能培训更加生动和直观，还增强了学生的学习兴趣和参与度，促进了操作技能的掌握和提高。通过新媒体技术的支持，实践技能培训得以不断创新和发展，满足了现代职业教育对高素质技能人才的培养需求，推动了教育质量和职业素养的全面提升。

2.互动学习平台重塑师生间互动关系

互动学习平台通过实时互动、多媒体资源和数据分析等功能，重塑了师生间的互动关系，提高了教学质量。这种平台不仅促进了师生之间的实时交流和反馈，提高了教学的针对性和有效性，还为学生提供了一个开放、互动的学习环境，增强了学习的自主性和积极性。通过互动学习平台的应用，教育教学模式得以不断创新和优化，推动了教育质量和学习效果的全面提升，满足了现代教育对高质量教学和个性化学习的需求。

3.虚拟与现实结合的混合式教学模式

虚拟与现实结合的混合式教学模式通过整合虚拟技术与现实教学，构建了一个丰富、多样、互动的学习环境，极大地提高了教学质量，提升了学生的学习体验。这种模式不仅弥补了传统教学的不足，还为教育创新提供了新的思路和方法。通过混合式教学模式的应用，教育得以更加灵活和高效地进行，满足了现代社会对高质量教育和个性化学习的需求，推动了教育事业的发展和进步。

二、新媒体时代基于产教融合的学校劳动教育策略

（一）基于产教融合的学校劳动教育的重要价值

1.提升学生综合素质，培养全面发展的人才

提升学生综合素质，培养全面发展的人才，是教育的重要任务。劳动是人类文明进步的源泉，劳动精神是社会主义核心价值体系的重要组成部分。通过劳动教育，使学生树立正确的劳动观念，培养吃苦耐劳、积极向上的精神品质，增强社会责任感和职业素养。同时，通过德智体美劳全面发展的教育模式，使学生在各方面都得到充分的发展，成为具有综合素质和创新能力的优秀人才。只有这样，才能为社会培养出更多全面发展的高素质人才，推动人类文明的进步和社会主义事业的发展。

2.推动产教深度融合，促进人才培养模式的创新

推动产教深度融合，促进人才培养模式的创新，是提高职业教育质量和适应市场需求的重要途径。通过产教融合，教育内容和教学方式得以创新，学生的实践机会和职业发展空间得到拓展，教育管理和评价机制不断优化。这种模式不仅培养了符合市场需求的高素质技术技能人才，也为企业的发展注入了新的活力，促进了教育与产业的良性互动和共同进步。通过政府、学

校和企业的共同努力，产教融合将为职业教育的改革与发展提供强有力的支撑，推动教育事业的繁荣和社会经济的持续发展。

（二）新媒体时代基于产教融合的学校劳动教育策略

1.构建多元合作平台，强化对劳动观念的认知

构建多元合作平台，强化对劳动观念的认知，是实现教育全面发展的重要途径。通过多元化的合作平台，整合学校、企业、政府和社会各界的资源，创新劳动教育的内容和形式，促进劳动教育与其他教育内容的有机融合，培养学生的劳动精神和职业素养。通过各方的共同努力，劳动教育将得到不断深化，学生对劳动观念的认知将得到进一步强化，为社会培养出更多具有全面素质和创新能力的高素质人才，推动社会的全面进步和发展。

2.更新教育内容与方法，丰富劳动体验形式

更新教育内容与方法，丰富劳动体验形式，是提升劳动教育质量的重要措施。通过引入现代科技和社会发展的新内容，创新教学方法，开展多元化的劳动实践活动，应用虚拟现实等现代技术，可以使劳动教育更加生动有趣和贴近实际，激发学生的学习兴趣和积极性，培养他们的实践能力和创新意识，增强对劳动的尊重和热爱，从而推动学生的全面发展，为社会培养出更多具有综合素质和创新能力的高素质人才。

3.创建劳动教育实践平台，吸引学生主动参与

教师应积极参与到劳动实践活动的设计和实施中，为学生提供专业的指导和支持。通过教师的示范和引导，可以帮助学生更好地理解劳动的意义和价值，掌握必要的劳动技能。同时，教师应注重与学生的互动和沟通，及时解答他们在劳动实践中遇到的问题，鼓励他们勇于探索和创新，提升实践活动的教育效果。

创建劳动教育实践平台，吸引学生主动参与，是推动劳动教育深入开展的重要途径。通过整合资源、创新活动形式、建立评价激励机制和加强教师

指导，学校可以为学生提供丰富多样的劳动实践机会，使他们在实践中体验劳动的价值，培养动手能力和创新精神，增强对劳动的尊重和热爱。这样的实践平台不仅有助于提升学生的综合素质和实践能力，还能激发他们的劳动热情和社会责任感，为社会培养出更多具有全面素质和创新能力的高素质人才。

4.开展智能化教学评价，促进劳动目标的达成

智能化评价系统虽然能够提供客观的数据和反馈，但教师的专业指导和情感交流仍然不可或缺。教师应积极利用智能化评价系统提供的数据，结合学生的实际情况，进行深入的分析和辅导，帮助学生全面发展。同时，教师应通过评价系统与学生保持良好的沟通，了解学生的需求和困惑，提供及时的支持和激励。

开展智能化教学评价，促进劳动目标的达成，通过全面、实时、个性化的评价体系，实现对学生劳动实践的有效评估和指导，不仅提高了教育质量，还激发了学生的学习兴趣和主动性。智能化评价系统的应用，不仅为教育机构提供了科学的决策依据，还促进了教育资源的优化配置和共享，为社会培养出更多具备综合素质和创新能力的高素质人才。通过智能化教学评价，劳动教育将更加精准和高效，推动学生在实践中全面成长，达成劳动教育的目标。

第七节　新媒体时代产教融合创新应用型 人才培养与建设路径

一、数字媒体产教融合创新应用型人才培养

学校在开展数字媒体教育教学活动时，要想使人才培养适应行业实际发展需要，就应注重和企业之间的融合，通过产教融合创新人才培养模式，增强人才的社会适应性，推动教学改革。

（一）产教融合在数字媒体专业中的重要意义

产教融合在数字媒体专业中具有重要意义，通过将教育与产业实践紧密结合，培养出具备实际操作能力和创新精神的高素质人才。数字媒体领域迅速发展，对专业人才的需求也在不断变化和提升。通过产教融合，学校能够与企业建立紧密合作，确保教学内容与行业需求相适应，使学生在掌握理论知识的同时，具备最新的技术技能和实际操作能力。

1.促进课程改革的实现

在推动课程改革方面，关键在于与行业需求密切对接。对数字媒体专业而言，必须紧跟行业发展步伐，结合企业需求，着重培养与市场接轨的人才。这意味着课程设计应该具有前瞻性和实用性，与行业趋势保持一致，并注重学生的实践能力培养。通过与企业合作、项目驱动的教学以及实践基地建设，学生可以接触到最新技术和实际工作环境，从而更好地适应市场需求。此外，课程改革也要强调综合素质的提升，包括创新能力、团队合作精神和沟通能力等方面的培养，以满足数字媒体行业对多元化人才的需求。通过这些努力，

学校能够为培养具备行业适应能力和创新精神的数字媒体专业人才做出更大贡献，促进教育与产业的深度融合和共同发展。

2. 推动教师发展

促进教师发展是教育事业的重要任务之一。为此，需要建立完善的培训机制，为教师提供持续的专业发展和成长空间。这包括提供各类教育培训课程、组织学术交流和研讨会，以及鼓励教师参与教育教学研究和创新项目。此外，学校还应加强对教师的评价和激励机制，根据其教学成果和专业发展情况，给予相应的奖励和晋升机会。同时，为了保障教师的工作条件和权益，学校应建立健全教师管理体系，提供良好的工作环境和职业发展支持，激发教师的工作热情和创造力。通过这些措施，可以不断提升教师的教育水平和教学质量，促进教育事业的持续发展。

3. 推动实训基地建设

推动实训基地建设是促进职业教育质量提升和人才培养模式创新的关键举措。为此，需要加强与企业的合作，充分利用企业资源和实践场地，建立符合行业标准和教学需求的实训设施。此外，还应加大资金投入和政策支持，提升实训设备和技术水平，确保实训条件达到行业要求。同时，学校还应加强实训教师队伍建设，培养具备行业经验和教学能力的专业人才，提高实训教学质量和效果。通过以上措施，可以不断完善实训基地建设，为学生提供更加实用和专业的实践培训，促进其职业能力和竞争力的提升。

4. 培养高素质人才

培养高素质人才是教育事业的根本任务之一。为此，学校应注重全面素质的培养，包括知识、能力、品德和创新等多方面的提升。通过优化课程设置和教学方法，培养学生的专业技能和实践能力；加强德育教育，培养学生的良好品德和社会责任感；提供丰富多彩的实践活动和创新项目，激发学生的创造力和创新精神。同时，学校还应建立完善的评价体系，全面考量学生的学习成绩、综合素质和社会表现，促进其全面发展和个性成长。通过不断完善教育教学工作，学校可以更好地培养出具有高素质、创新能力和竞争力的人才，为社会发展和进步做出积极贡献。

（二）数字媒体产教融合创新应用型人才培养方法

1.构建产教融合课堂教学体系

构建产教融合的课堂教学体系是当前教育改革的重要任务之一。这一体系旨在整合学校教学资源与行业需求，提升教学质量与学生实践能力。通过与企业合作，课堂教学将更贴近实际行业需求，融入企业实践案例和最新技术趋势。教师将不仅是知识传授者，更要充当引领者和指导者，引导学生积极参与实践项目、解决实际问题。同时，课堂教学也将强调团队合作、创新思维和跨学科学习，培养学生的综合能力和适应能力。这一体系将以学生为中心，注重个性发展和自主学习，激发学生学习的兴趣和动力，使他们能够在未来职业生涯中做出更大的贡献。

2.考虑行业发展需求

考虑行业发展需求是指在制定政策、规划项目或开展活动时，必须充分考虑当前和未来行业的发展趋势和需求。这包括对市场需求、技术创新、人才需求等方面的深入分析和理解。通过对行业发展趋势的研究，可以更好地调整和优化教育培训方案，确保培养出符合市场需求的人才。行业发展需求的考虑涉及多个方面，包括行业技术更新换代的速度、市场对人才素质和技能的要求、行业的人才短缺和供需状况等。同时，还需关注行业发展的战略方向、政策法规变化、国际市场竞争等因素，以便及时调整教育培训内容和方式，保持与时俱进。通过密切关注行业发展需求，教育培训机构能够更好地服务于行业发展，为社会提供更优质的人才资源，推动行业持续健康发展。

3.加强实训基地建设

加强实训基地建设是指通过加大投入、优化资源配置、提升管理水平等措施，全面提升实训基地的建设水平和服务质量。实训基地是学生进行实践教学和技能培训的场所，其建设与发展直接关系到教育教学质量和人才培养效果。加强实训基地建设需要注重以下几个方面：首先，加大资金投入，优化实训设施和设备，提高实训环境的舒适度和安全性。其次，加强师资队伍建设，培养一支高素质的实训教师团队，提升他们的教学水平和实践能力。再者，加强与行业企业的合作，积极引入行业专家和企业技术人员参与实训教学，保持实训内容与市场需求的紧密对接。此外，加强实训基地的管理和运营，建立科学规范的管理制度和运行机制，提升实训基地的服务水平和管理效率。通过加强实训基地建设，能够为学生提供更加丰富、实用的实践教学资源，有效提升他们的实际操作能力和解决问题的能力，从而更好地适应社会需求，为未来的就业和发展打下坚实的基础。

4. 拓展产教融合领域

拓展产教融合领域是指在现有基础上，进一步扩大产业与教育的合作范围和深度，以促进产业发展和人才培养的双向融合。这一过程包括不断探索新的合作模式、拓展新的合作领域、加强与各类产业主体的合作关系等方面。在拓展产教融合领域的过程中，可以采取多种举措，如与更多的产业领域进行合作，包括传统产业、新兴产业、战略性新兴产业等；拓展合作形式，包括联合开展科研项目、共建实验室、开展人才培训等；加强与地方政府、行业协会等相关机构的合作，形成产学研用相结合的合作机制。通过拓展产教融合领域，可以更好地满足社会对人才的需求，促进产业的创新发展，推动区域经济的转型升级，实现教育和产业的良性互动、共同发展。

5. 积极建设专家智库与教师团队

积极构建专家智库和教师团队是指致力于建立一支由专业领域内资深专家和教育教学领域内优秀教师组成的强大团队。这一举措旨在整合各方智慧资源，提升教育教学水平，推动学校和社会的可持续发展。专家智库是由业界资深专家组成的高水平智囊团队，他们凭借丰富的经验和专业知识，为学校提供专业咨询和战略建议，助力学校的发展规划和决策。而教师团队则是学校内部的教学骨干，他们承担着课程设计、教学实施、学生指导等重要任务，直接影响着教育教学的质量和效果。通过积极建设专家智库和教师团队，可以充分发挥各方的专业优势和人才优势，促进教育教学的创新与提升，推动学校的长远发展。

二、新媒体时代产教融合模式下产业学院建设路径

（一）产教融合模式下产业学院建设的时代背景

在当前时代背景下，建设产业学院的产教融合模式具有重要意义。随着社会经济的快速发展和产业结构的不断升级，对高素质、应用型人才的需求日益增加。传统的教育模式已经难以满足市场对综合性和实用性人才的需求，迫切需要通过产教融合的方式来培养适应现代产业需求的人才。产业学院正是在这样的背景下应运而生，它通过将教育与产业紧密结合，整合学校和企业的资源，共同制定人才培养方案，确保教学内容与行业需求高度契合。企业通过参与课程设计、提供实践平台和技术支持，使学生能够在真实的工作环境中积累经验，提升实际操作能力和职业素养。同时，产业学院也促进了科技成果的转化和应用，推动了教育与产业的共同发展。在政府政策的大力支持下，产业学院成为培养高素质应用型人才的重要基地，为社会经济的持续发展提供了坚实的人才保障。

（二）产教融合模式下产业学院建设的基本原则

1.实践导向原则

实践导向原则强调教学过程应以实际应用为核心，通过实践活动培养学生的实际操作能力和解决问题的能力。学校在课程设计和教学实施中，应紧密结合行业需求和社会实际，设置贴近现实的实践环节和项目任务，使学生

在真实的情境中锻炼和提升专业技能。

2. 国际化视野原则

国际化视野原则在现代教育中具有重要意义，强调在教学过程中培养学生的全球视野和国际竞争力。学校在课程设计和教学实施中，应融入国际化内容和标准，使学生了解全球化背景下的行业动态和技术趋势。通过开设国际课程、引进国外先进教材和教学方法，帮助学生掌握国际通用的知识和技能，提高他们的跨文化交流能力和全球视野。

3. 创新发展原则

创新发展原则在现代教育中占据重要地位，强调在教学和管理过程中融入创新思维和方法，培养学生的创新能力和创造力。学校在课程设计和教学实施中，应注重培养学生的批判性思维、独立思考能力和解决问题的能力，通过创新的教学模式和方法激发学生的学习兴趣和创新潜力。

（四）产教融合模式下产业学院建设的具体路径

1. 变革教育管理模式，树立产教融合人才培养理念

变革教育管理模式，树立产教融合人才培养理念，是当前教育改革的关键任务。学校应打破传统的教育管理模式，积极引入产业资源，与企业紧密合作，构建产教融合的教育管理新模式。通过与企业共建共享实训基地、实验室和科研平台，学校能够为学生提供更加丰富和实用的实践教学资源，培养他们的实际操作能力和职业素养。通过变革教育管理模式，树立产教融合人才培养理念，学校不仅提升了教育质量和办学效益，还为社会培养了大批具有实际操作能力和创新精神的高素质应用型人才，推动了教育与产业的双赢发展，实现了社会和经济的可持续发展。

2. 围绕新媒体应用，开设具有行业特色的专业课程

围绕新媒体应用，开设具有行业特色的专业课程，是适应时代发展需求、提升学生就业竞争力的关键举措。随着新媒体技术的迅猛发展，市场对掌握

新媒体技能的专业人才需求不断增加。学校应紧密结合行业发展趋势，优化课程设置，开设一系列具有行业特色的专业课程，确保学生能够学到前沿的知识和实用的技能。通过围绕新媒体应用，开设具有行业特色的专业课程，学校能够更好地培养出符合市场需求的高素质应用型人才。这样的课程设置不仅提升了学生的就业竞争力，还推动了教育与产业的深度融合，实现了学校、企业和学生的三方共赢。

3.组建产教融合师资团队

建设一支高水平的师资队伍是产业学院的重要任务。学校要引进优秀的教师和产业专家，组建一个跨学科、跨领域的教师团队。同时，学校可以鼓励教师参与行业培训和实践活动，从而提升教学水平，积累产业经验，与业界保持紧密联系。

（1）加强培训和引进，建设高水平的产教融合师资团队

加强培训和引进，建设高水平的产教融合师资团队，是提升教育质量和培养应用型人才的关键举措。为此，学校应采取多种措施，确保师资团队既具备扎实的理论基础，又拥有丰富的实践经验，从而更好地满足产教融合的教学需求。通过加强培训和引进，建设高水平的产教融合师资团队，学校不仅提升了教育质量和办学水平，还为社会培养出更多符合市场需求的高素质应用型人才。这样的师资团队将成为产教融合教育模式的重要支撑，推动教育与产业的深度融合和共同发展。

（2）建立激励评价制度

建立激励评价制度是提升教育质量和教师积极性的重要措施。通过科学合理的评价体系和有效的激励机制，学校可以激发教师的工作热情和创新动力，推动教育教学水平的不断提升。通过建立科学合理的激励评价制度，学校不仅能够激发教师的工作积极性和创新动力，还能提升教育教学质量和办学水平。这样的制度将有助于形成良好的教学氛围，推动学校教育事业的持续发展，为社会培养出更多高素质、创新型人才。

4. 与企业、行业组织建立合作伙伴关系

学校应该加大与相关企业的合作力度，建立牢固的产教融合合作网络。与企业的合作可以包括项目合作、提供实习机会共同开发课程资源和挖掘产业转型升级的内在需求等，从而为学生提供真实案例和实践环境，增强他们的实践能力和就业竞争力，同时推动产业升级发展。

（1）共同开发课程资源

共同开发课程资源是提升教学质量和促进产教融合的重要举措。通过学校与企业的紧密合作，共同开发和共享课程资源，可以确保教学内容紧跟行业前沿，满足市场需求，培养出高素质的应用型人才。学校和企业在这一过程中不仅能够提升教学质量和学生的就业竞争力，还能推动教育与产业的深度融合，实现资源共享和共同发展。通过这样的合作模式，学校可以借助企业的实际案例和最新技术，丰富课程内容，使学生在学习过程中掌握更实用的技能和知识。同时，企业通过参与课程开发和教学，不仅可以获得符合自身需求的高素质人才，还能在技术创新和市场竞争中占据优势。最终，这种合作模式将有助于培养出更多符合市场需求的高素质应用型人才，为社会经济发展提供有力支持，形成教育与产业的良性互动和共同进步。

（2）挖掘产业转型升级的内在需求

挖掘产业转型升级的内在需求，是推动经济持续发展和提升竞争力的关键。产业转型升级不仅是响应市场变化的必要举措，更是提升生产效率、优化资源配置和推动技术创新的重要途径。为此，需要深入分析当前产业的发展现状和未来趋势，识别其中存在的瓶颈和机遇。通过与企业的紧密合作，了解企业在技术创新、人才培养和市场拓展等方面的实际需求，制定有针对性的解决方案。

5. 政府引导产业学院建设，发挥指导作用

除职业院校和企业之外，产业学院建设的可能主体还包括地方政府、行业协会等，但实际运行中地方政府、行业协会在产业学院的建设中并无直接

的利益支撑，相反是为校企深化产教融合提供政策支持和服务的非利益主体。

因此，实践中优化产业学院的建设路径，只需筑牢校企之间的长久利益链，就能保证产业学院的价值基础，其中最直接的利益关系在于实现二者在人才培养上的相互依存。如企业应通过产业学院积极参与职业院校高素质技术技能人才培养全过程，发挥人才、技术、设备优势，与职业院校共建教学科研团队，共同开发人才培养方案和教学标准，共建课程教学资源，为职业院校提供基于职业场景的实训和培训基地，能全面优化职业院校人才培养质量。

职业院校通过产业学院保障技术技能人才培养契合产业技术的发展方向和企业岗位的标准，为企业培养接近员工标准的高素质人才；支持教师成为企业培训师、技术合作项目负责人或骨干，帮助企业拓展、优化人才结构。基于人才发展互利，校企之间能够构建相互依存的需求关系，为产业学院织牢主体间的利益链、拓展其他合作空间打下稳定的基础。

6.打造产教融合平台，提供更好的实践机会和实验环境

产教融合平台的建设旨在通过紧密结合教育与产业，为学生提供更丰富的实践机会和更优质的实验环境。首先，该平台将引入一系列创新实验室和高端设备，使学生能够在校期间接触到最新的技术和工具，积累实际操作经验。此外，平台将邀请行业专家和企业领袖参与课程设计和教学，确保教育内容紧跟行业发展趋势，培养具有实际操作能力和创新思维的人才。通过与企业的合作，学生将有机会参与真实项目、实习和课题研究，在实践中锻炼解决问题的能力，并了解行业的实际需求和工作流程。平台还将建立一套完善的评估机制，通过定期评估和反馈，持续优化教育与实践的结合，提升教学质量和学生的综合素质。总之，产教融合平台不仅为学生提供了宝贵的实践机会和先进的实验环境，还促进了教育与产业的深度融合，推动了高素质应用型人才的培养，有助于实现教育与产业的双赢局面。通过这样的努力，我们可以确保学生在毕业时不仅具备扎实的理论知识，还具备在实际工作中

灵活运用所学的能力，成为行业发展的中坚力量。

随着新媒体的快速发展，行业需求不断变化，教育方式也随之转变。在此背景下，建设产业学院成为培养适应产业发展的高素质、高技能人才的关键途径，旨在满足新媒体时代的人才需求，并推动学校与产业的协同发展。然而，在产业学院建设过程中，常常面临人才培养目标不明确、师资队伍建设不足、市场需求调查不充分以及与企业合作不紧密等问题。为解决这些问题，需要从多个方面入手。首先，要树立产教融合的人才培养理念，确保教育内容与产业需求紧密结合。其次，应围绕新媒体技术开设具有行业特色的专业课程，提升学生的专业素养和实践能力。同时，必须组建一支由行业专家和学术精英组成的产教融合师资团队，以保证教学质量和实践指导的专业性。此外，还需打造产教融合平台，通过引入先进的实验设备和真实的行业项目，为学生提供实践机会和实验环境。这些措施将使产业学院更好地满足新媒体时代的需求，培养出现代企业所需的高素质人才，进而促进教育事业的长足发展。通过这一系列努力，我们能够确保学生在毕业时不仅具备扎实的理论知识，还具备在实际工作中灵活运用所学知识的能力，成为推动行业发展的中坚力量。

在未来的日子里，我们期待着看到更多的学生们在产教融合的培养下茁壮成长，成为行业的佼佼者。同时，我们也期待着看到学校与优秀企业的合作关系不断深化、不断拓展，共同为社会的进步和发展贡献更多的智慧和力量！

参考文献

[1] 王云雷.产教融合 [M].北京：团结出版社，2020.

[2] 李华，李辉.深化产教融合对策及案例研究 [M].燕山大学出版社，2022.

[3] 卢鸿鸣.产教融合的长沙模式 [M].长沙：湖南科学技术出版社，2020.

[4] 陈绪兵.机电创新与产教融合新思考 [M].北京：中国铁道出版社，2021.

[5] 黄艳.产教融合的研究与实践 [M].北京：北京理工大学出版社，2019.

[6] 刘平雷，赵倩，周林，等.产教融合专业学位研究生教育的理论与实践 [M].南京：河海大学出版社，2022.

[7] 黎鲲.高职院校产教融合模式及其评价机制 [M].西安：陕西人民教育出版社，2022.

[8] 李家祥.云南职业教育产教融合、校企合作的理论与实践 [M].昆明：云南大学出版社，2022.

[9] 秦凤梅.职业教育产教融合质量评价探索 [M].重庆：重庆大学出版社，2021.

[10] 蒋新革，等.新时代高职产教融合路径研究 [M].广州：广州中山大学出版社，2021.

[11] 黄佳.产教融合一体化育人策略与实践 [M].北京：中国原子能出版社，2021.

[12] 李欢，马文瑾.水污染控制技术 [M].北京：中国环境出版集团，2023.

[13] 刘宏新.汽车原理与构造 [M].2 版.北京：机械工业出版社，2023.

[14] 陆艳艳.产教融合背景下高职专业英语实践教学研究 [M].青岛：中国海洋大学出版社，2023.

[15] 姜伟星.产教融合理念下校企合作人才培养理论与实践研究 [M].天津：天津科学技术出版社，2023.

[16] 祝木伟，毛帅，赵琛.产教融合型实训基地建设与评价研究 [M].徐州：中国矿业大学出版社，2020.

[17]　栾黎荔 . 产教融合色彩设计实践措施研究 [M]. 武汉：华中科技大学出版社，2020.

[18]　柏芳燕 . 构建产教融合生态圈的研究与实践 [M]. 北京：中国原子能出版社，2020.

[19]　王莉姗，徐磊 . 数字经济背景下新商科产教融合路径研究 [M]. 天津：天津大学出版社，2022.

[20]　田春华 . 工业大数据分析算法实战 [M]. 北京：机械工业出版社，2022.

[21]　边培莹 . 增材制造技术实训 [M]. 北京：机械工业出版社，2022.

[22]　郑维明，黄恺，王玲 . 智能制造数字化工艺仿真 [M]. 北京：机械工业出版社，2022.

[23]　邵李理，仝婷婷，陈磊 . 双一流建设背景下园林类专业产教融合创新研究 [M]. 吉林出版集团股份有限公司，2022.

[24]　徐兰 . 工业 4.0 背景下职业教育人才培养模式创新研究：基于产教融合理念 [M]. 长春：东北师范大学出版社，2022.

[25]　夏霖，马卫国，王春华，等 . 应用型本科高校产教融合发展模式及其实现的保障机制 [M]. 成都：西南交通大学出版社，2022.

[26]　邓志新 . 适应性背景下职业教育产教融合的模式与路径研究 [M]. 长春：吉林人民出版社，2022.

[27]　郑维明，贾仲文，印亚群，等 . 智能制造产品生命周期系统中的数据协同管理 [M]. 北京：机械工业出版社，2023.

[28]　张华，朱光耀，易忠奇，等 . 校园 + 产园：智造工匠产教融合培养研究与实践 [M]. 北京：北京理工大学出版社，2021.

[29]　罗惜静 . 高职院校产教融合发展与创新管理研究 [M]. 北京：中国纺织出版社，2019.

[30]　严威，汪琴 . 行动学习产教融合 [M]. 北京：中国广播影视出版社，2023.